从家电三剑客到新能源先锋

黄宏生 著

·广州·

图书在版编目（CIP）数据

从家电三剑客到新能源先锋/黄宏生著 . —广州：华南理工大学出版社，2023.1
ISBN 978-7-5623-7284-4

Ⅰ.①从⋯ Ⅱ.①黄⋯ Ⅲ.①黄宏生–生平事迹 Ⅳ.①K826.16

中国版本图书馆 CIP 数据核字（2022）第 243738 号

Cong Jiadian San Jianke Dao Xinnengyuan Xianfeng
从家电三剑客到新能源先锋

黄宏生　著

出 版 人：柯　宁
出版发行：华南理工大学出版社
　　　　　（广州五山华南理工大学 17 号楼，邮编 510640）
　　　　　http://hg.cb.scut.edu.cn　E-mail: scutc13@scut.edu.cn
　　　　　营销部电话：020-87113487　87111048（传真）
策划编辑：袁　泽
责任编辑：张晓婷　袁　泽
责任校对：袁桂香
印 刷 者：佛山家联印刷有限公司
开　　本：787mm×1092mm　1/16　印张：10.75　字数：149 千
版　　次：2023 年 1 月第 1 版　2023 年 1 月第 1 次印刷
定　　价：58.00 元

版权所有　盗版必究　　印装差错　负责调换

序言

我大概有十几年没有在家待过这么长时间了。

深圳的春天很美,待在家中就能听到榕树上的鸟儿叽叽喳喳的叫声,楼下的羊蹄甲开得很欢畅,黄花风铃木在阳光下摇曳多姿,煞是好看。

前天晚上我刚回家,半夜就接到了小区出现新冠确诊患者的消息,只好闭门隔离,哪也去不了。在家里闷的时间长了,就有种想去外面走走的冲动,去年的这个时候,我跟创维汽车团队去了遵义——那个令中国人精神膜拜的革命圣地。

第一个百年:建党百年

对每一个中国人来说,在我们心中对"遵义"都有一种特殊的情感。

2021年是中国共产党成立100周年,我们去的时候碰到了很多外地的游客,有集体组织的,也有个人自发前往的。在那里我们缅怀革命先烈,探寻中国共产党百年苦难辉煌的秘密,更多的是学习先辈们艰苦奋斗、不怕牺牲的精神,汲取克服困难、勇往直前的力量。

无论在疫情当下,还是正常的商业环境中,创业都会面临无数挑战和困难，很多企业因为各种原因坚持不下去就倒闭了，能否在困境中迎来事业的转折，往往取决于我们内心的坚守和自我纠错。

遵义之所以被称为"转折之城"，在于1935年1月中共中央政治局召开的遵义会议，中国共产党通过自身纠错和自我批判，成功化解了一次生死存亡的危机，并借助这种自我纠错和自我批判的机制，几次完成了历史关键节点上的拨乱反正，实现了党和国家命运的赓续。

1978年，对我个人以及这个国家来说都很重要。一是"恢复高考"后我有幸成为一名华南工学院的大学生，另一个则是党的十一届三中全会的召开，在以邓小平为核心的中国共产党人的领导下，开始了改革开放，中国打开国门，引入西方资本和先进的科学技术及制造业，逐步解决了中国人的温饱问题。

从1921年到2021年，中国共产党奋斗了整整100周年，创造出了世界经济史上的奇迹，让中国人过上了和平、富裕的生活。建党百年的功业，也给了包括我在内的无数创业者与工商界人士一个伟大的成功学传承，我们通过自身的努力、奋斗打拼出一番属于自己的事业。在这百年的时光里，我先后创办了创维集团和开沃汽车集团。

第二个百年：建国百年

再过不到三十年，2049年将是新中国成立100周年。

按照当前的经济发展速度，2049年中国的GDP预计会达到400万亿元，中国的制造业、科技、经济结构将成为世界上最具竞争力的领域，中华民族也将真正实现伟大复兴，居于世界之巅。

当然，这一过程是很艰难的，从这些年美国发动的中美贸易战，以及延伸的人才封锁、科技封锁、金融限制等打压手段，都说明美国意图用高压和威慑造成中国经济、社会的动荡不安，破坏我们的复兴发展之路。这些举动除了让我们感到愤怒、难受之外，更需要引起我们的反思：自己如果没有掌握核心技术，必将受制于人。

那么如何去实现建国百年的奋斗目标呢？之前我曾把中国的"科技与制造业大潮"称为改革开放以来的第四个里程碑（前三个里程碑："1977年国家恢复高考""家庭联产承包责任制""2001年中国加入WTO"）。在"科技与制造业大潮"等一系列政策的推动下，将破解"卡脖子"工程，改善中国的就业，拉动中国消费市场，促进"国内、国际双循环"，助力中国将危机转化为发展的机遇和动力，化危为机。

处在世界百年未有之大变局，时代呼唤"英雄"的出现。而工商界的"时代英雄"，是在未来三十年能够引领中国产业转型、升级的企业家、工商界领袖，是致力于攻克和解决中国"卡脖子"技术，帮助国家解决核心技术瓶颈，带领中国的先进制造业走向世界第一阵营，共同见证新中国成立100周年这一伟大的历史时刻的精英们。

第三个百年：人生百年

随着科学技术的不断进步，人类的寿命也在逐渐增长。科学家预言，在本世纪末或下世纪初，人类将攻破癌症难关，百岁人生将不再是梦想。

"十三五"期间，中国人均预期寿命从76.3岁提高到77.3岁，提高了1岁。2022年1月10日，国家发展改革委等部门印发的《"十四五"公共服务规划》显示，2025年中国人均预期寿命将达78.3岁。

当然，这是对普通中国人平均寿命的统计，对于中国的创业者们而言，这个数据可能并不太乐观。我曾在去年参加了一个企业家的聚会，大家对创业者的意外死亡深感忧虑，比如江苏首富才70多岁因疲劳去世、著名轮胎创始人60多岁突然离世、互联网融合地产的创始人走的时候才50岁，2200多亿的个人财富也没有能留住生命……

创业者自身面对的最大的挑战往往不是金钱，而是健康！企业生存的压力、组织内部的危机、市场千变万化、24小时陷于救火的工作状态……各种压力扑面而来，给创业者的身心健康带来巨大的损害，很多人因此患上焦虑症、失眠症，导致身体生理机能的衰减、免疫力的下降，进而诱发各类疾病的发生。我熟悉的一位香港女银行家才50多岁，虽然年年参加马拉松比赛，却也不幸于去年因癌症去世。

不论过去，还是将来，我一直将健康理念贯穿创业的始终，从之前的"不闪的才是健康的"创维彩电，到现在所从事的新能源汽车产业，健康所在心之所系，吾道一以贯之。在全球重视碳排放和气候变化的当下，新能源汽车可大幅降低废气污染，正在成为人们第二个生活与工作的移动空间，也成为每一个繁忙商务人士的健康伴随者。

子曰：居之无倦，行之以忠。有一天，我们会发现，抛开一切世俗的枷锁，我们所坚守的信念和初心是最为宝贵的，它存在于向真、向善、向美的追求当中。

听着大自然鸟雀们的叫声，望着楼下那满树黄灿灿的风铃木，数十年如一日的创业磨难，使我认识到只有看懂中华民族伟大复兴这一趋势，牢牢抓住中国这一百年难遇的发展时机，才能在创业这条道路上长期走下去。我也终于明白了自己奋斗的使命，以及为什么会如此热爱新能源汽车产业了，以至于把余生都要投入到这项事关民族发展和人类命运共同抉择的大事中去，以此造福人类的健康，成就中国人的百岁人生！

黄宏生

2022年3月于深圳家中

目 录

第一章　见证人生百年　　　1

一、外婆的故事　　　2

二、陪伴成长　　　6

三、"偏执"中生存　　　10

四、走过百岁　　　14

小结　　　18

第二章　黎明前的黑暗　　　21

一、南渡江　　　22

二、黎母山（上）　　　25

三、黎母山（中）　　　29

四、黎母山（下）　　　33

五、入党　　　36

六、终见曙光　　　39

小结　　　42

第三章 山河巨变   43

一、华园情深   44

二、在希望的田野上   49

三、我的"香港梦"   52

四、商海风潮   55

五、创维崛起   59

六、伟大时代,同频共振   63

七、追寻"中国梦"   67

小结   70

第四章 创业人生   71

一、东方之珠的逆境   73

二、第一桶金   77

三、背水一战   80

四、创维情 中国心   84

五、人才大考   88

六、蒙难(上)   92

七、蒙难(下)   95

八、攀登第二座山   98

九、好山好水好寂寞   101

小结   105

第五章　健康秘诀　　107

一、焦虑因何而来　　108

二、痛苦，并快乐地活　　111

三、跨界新能源　　114

四、我的健康理念　　117

五、爱情神器　　121

六、致力健康科技　助力长寿人生　　124

小结　　128

第六章　长期主义　　131

一、第三空间　　132

二、精神内耗　　137

三、停止精神内耗　　140

四、长期的产品主义　　145

五、我们的百岁人生　　149

六、聚焦未来　　153

小结　　156

后记　　158

第一章

见证人生百年

我从小与外婆相依为命,如果没有外婆的艰辛抚育,可能早就饿死或渴死在流浪的途中了。外婆终年105岁,见证了这个国家从战乱走向和平、从动荡迈向稳定的发展历程,陪我走过了人生的大半个旅程。而今距她老人家去世已有六年,她的音容笑貌却依然宛在我面前。

一、外婆的故事

兵荒马乱的年代，人甚至连一只小鸟都不如，小鸟还能飞来飞去四处找食物吃，而人呢？说不上哪天就被饿死，或被海匪、日本鬼子、军阀给杀死了。

外婆在世的时候，几乎每个早上都要到创维工业园的五星红旗和厂旗下"朝拜"，后来年纪大腿脚不灵便了，就让人用轮椅推着她过去。她将双手放在胸前，喃喃自语，像在圣殿前的信徒一样虔诚祷告。每次想来都让我眼睛有些湿润。

她的祷告很朴素，也很真诚，"感谢国家让我们过上了好日子，不再饿肚子，让我的外孙有这样创业的机会，愿国家远离战争，永远繁荣……"

历经百年人生的前半程苦难，老人家就是用这朴实无华的话语，发自内心地表达对当下社会的热爱和无限的感恩。外婆九岁丧母，之后去加来镇罗家当了近十年的童养媳，二十多岁生第二个孩子的时候丈夫不幸遇难，葬身大海，刚生下的孩子又因为脐带感染，没几天就夭折了。

鲁迅先生说，封建的礼教制度是要"吃人"的，像他作品中的祥林嫂，就是一步步被封建礼教残害致死的。遭受丧夫失子双重打击的外婆没有得到婆家的丝毫同情，反倒被罗家连同女儿一起扫地出门，理由就是那封建思想中的"克夫克子"。她与年幼的女儿不得已搬到了村外的一间茅草屋里生活，即便回到娘家探亲她也得不到些许抚慰，除了遭受继母的冷眼，更被父亲以断绝父女关系威胁再嫁。

我小的时候，经常听外婆给我们讲起外公的故事。虽然她是童养媳，但外公对她却很尊重，夫妻之间很恩爱。因为头胎是女孩，罗家人对外婆没有什么好脸色，外公则温言劝她不要伤心，让她好好抚养女娃，待她长大后一定要供她去学堂识字，将来去城里念书，做个有出息的人。

正是记住了外公的这些话，外婆坚持要独自守寡抚养女儿长大成人。她拒绝了所有来提亲的人，决定靠自己的双手来养活自己和女儿，除了耕两亩田地，养猪、养鸡，每天起早贪黑地劳作，还要把田地里的东西拿到镇上卖。在那样一个年代，一个女人承担这么重的担子是多么的不容易！

外公的死难加深了外婆的悲伤和对旧社会的失望，可她只不过是那个时代万千不幸的中国妇女之一，好在她们母女俩幸运地活了下来，没有成为封建礼教的殉葬品。对旧中国的失望，激发了外婆对新中国成立的感动和兴奋，哪怕她在新中国成立后受夫家连累挨过批斗，都从未改变她对共产党和新中国的热爱、拥护。

外婆说，"吃过旧社会的苦，才知新社会的甜。"那泡在苦水中的滋味是有多么绝望和难熬！只有经历过苦难的人，才会知晓从失望和悲伤中挣脱出来，对人的心理和身体那种极大的鼓舞和震动，这也让她更加珍惜生命和热爱眼前的生活。

在外婆的坚持下，我的母亲考到了海口上学，毕业后被分配到海南地区防疫中心，长期从事消灭疟疾、钩虫病和麻风病的防控工作，成为一个对社会有用的人，算是圆了外公的遗愿。在20世纪70年代中期，母亲将外婆从农村接入城市，此后，外婆一直与我们生活在一起，不再分开。

20世纪90年代初期，外婆随我去了香港，因为语言不通，多数时间只能待在家里，在得知我在深圳创业后，极力要求回来帮忙。那时正值创维起步发展时期，临高老家的人得知我在深圳开工厂后，纷纷找到外婆要来打工，一来就是数百人。每天跟老家的人在一起，听着熟悉的家乡话，外婆变得高兴而忙碌，再也不愿回香港。

身体还硬朗的时候，外婆很喜欢参加公司组织的一些总结大会，只要主持人邀请她上台，她就勇敢地走上台，操着一口浓重的临高话讲半天，有时邀请她唱首歌，她就唱《东方红》，表达对毛主席发自内心的感恩，对新中国无限的热爱。外婆的感恩之心深深感染着企业里的员工，虽然我们从事的制造业非常辛苦，市场竞争惨烈，即使工人们夜以继日地加班，一不小心可能还会亏本，但是相比外婆经历的战乱动荡、饥寒交迫和四处

◆ 2003年3月28日，与91岁的外婆合影

逃难的日子，我们现在的生活又显得格外幸福和富足。

外孙的这份事业，让外婆打心底里自豪和珍惜。每天看着一辆辆运送原材料的货车驶入工厂，又看着一个个集装箱被运出公司，她都由衷地高兴。有一次我把她从深圳接到南京参加活动，因为外婆年龄大了不敢坐飞机，她就来回乘坐高铁，一千多公里路，她一刻都不肯休息，依偎在窗前看着外面飞速变化的景色，洋溢着发自内心的喜悦和感激。在她年轻时老在逃难，从一个村逃到另外一个村，逃避日本人，逃避内战，逃避轰炸，哪敢想象会像今天这样安稳地坐在高铁上，奔驰在和平美好的国土上啊！

在我的事业小有成就后，很想让外婆去国外见见世面，她却执意要留在深圳。不愿住在早给她买好的房子里，坚持住在创维的职工宿舍里，极普通的一室一厅，吃饭是简单的三菜一汤，每天和工人们一起上班。在外婆 100 岁时，她不愿待在屋子里，就坐着轮椅在工厂里转来转去，累了就在轮椅上眯一会。她喜欢与员工打招呼、开玩笑，厂区里的员工们也都喜欢打趣这个整天乐呵呵的老太太。

"阿婆，老板又给您新任务了？"

"阿婆，您这岁数老板给开多少工资啊？"

一路与人说笑，她边转悠边看，拧拧水龙头看有没有关紧；看到灯坏了，她就通知后勤的人去维修；关心食堂伙食好不好；工人们有没有浪费粮食；保安有没有尽责；甚至哪个员工情绪低落……所有的一切，她都是那么关心。她把自己当成企业的一名普通员工，参加企业的生产，陪伴企业成长，分享成长的喜悦，过着她不一样的快乐人生。

二、陪伴成长

因为出身问题,我自小处在一种颠沛流离、食不裹腹的生活中,直到十岁以后才有所改善。那时别人一个小小的善举,哪怕一个笑脸都能让流浪中的我感受到人间的温暖,一点小确幸就能让我发自内心的喜悦。只有经历过饥渴的人,才知一口清水是何等甘冽,一碗白米饭是多么香甜!

1957年初,我的父亲从加来镇的临高第一中学调到新盈镇的临高第二中学教书,不满一周岁的我和外婆被接到学校居住,学校的宿舍与教室仅有十几米远。那时我的母亲在一百多公里外的海南医学专科学校上学,因为没有母乳,外婆就喂我喝米汤,生活虽然清苦、拮据,却还算说得过去。

谁也不曾想到,一场政治狂风暴雨将我们拖入苦难的漩涡。因我年幼,那时的很多记忆尚不深刻,只是长大后听外婆讲起,那场政治风暴所带来的影响,至今听来让人心惊胆战。

根据海南省《临高县志》(1990年广东人民出版社出版)记载"1957年7月,本县开展反右派斗争,把99名中小学教师、医生、技术员、《农民报》记者、党政干部错划为右派。到1982年错划的全部纠正。"这些被错划的右派当中就包括我那在临高二中教书的父亲。

1958年末,在探听到被打成"右派分子"的人要被逮捕入狱的消息后，已被停止教学的父亲连夜逃离临高县，遁入荒无人烟的深山老林中，从此杳无音信。之后我和外婆被赶出了父亲所在的学校。

当时正逢三年自然灾害，被赶出学校意味着我们一定会流落街头，甚至饿死。外婆心中想让外孙活下来的执念，让她不断地尝试。她跟平日里来往较多的学生们说："虽然他的父亲是右派，我和外孙是无辜的，如果我们被赶走，会死无葬身之地的！"

她的苦苦哀求终于感动了其中一个女学生，女学生回家后把这件事告诉了她的父母，我们就被这家人收留了下来。正是因为外婆这种执拗的坚持和好心人的收留，我们才避免了一场生死灾难。

因为不想寄人篱下，后来外婆一遍又一遍敲开人民公社社员的门，一遍又一遍地说："我也可以干活，我也可以出力。"最后，外婆终于被接纳，成为一名光荣的新盈港镇的人民公社社员，熬过那最困难的"三年自然灾害"。

20世纪60年代初，越南战争开始爆发，战火的硝烟飘到了越南周边的国家和地区，隔北部湾相望的海南岛自然受到影响。不久，新盈港被军队接管，成为南海舰队临时驻扎的军港，军港周边几个村子的社员都要进行身份核实。为了不给接纳我们的公社添麻烦，外婆和我在一个早上悄悄地离开了新盈港镇。

离开新盈港后，外婆用背篼带着幼小的我踏上了无尽的流浪之路，我们穿过田野、丛林，走村串寨。饿了就讨些红薯、芭蕉充饥，渴了就喝些河水，偌大的临高境内竟没有一片可容纳我们的地方。

那些乡野间耕种的农人时常看见一个干瘦的中年妇人头戴毡巾，身背一个瘦小的男仔行走在乡间的小道上。有时小男仔伏在她背后睡着了，他的小脑袋会随着妇人踏出的每一步晃来晃去。妇人就用手执一片芭蕉叶遮在身后的男仔头顶，给他遮挡着阳光或雨水，那就是流浪途中的外婆和我。

我们有时会到乡村的路口停下,讨一点米汤、红薯。偶尔有同情我们的妇人走过来,摸着我的头,与外婆聊起我们从哪里来,要到哪里去?听着我们的不幸,除了同情外,在那个穷苦的年代,她们又能做些什么呢?

外婆带着我一直流浪到一百多里路以外的澄迈县,在金江镇投靠了一个远亲后,才停止了流浪。流落到异乡后,因为分不到土地,为养活自己和年幼的我,外婆只有靠在当地贩卖杨桃为生。因为她的价格公道,童叟无欺,因此她的生意出奇的好。

外婆每天天不亮就带着我去农场采购杨桃,再挑到集市或学校门口去售卖,赚取一点微薄的生活费。跟在外婆身边,有时饿得受不了我就吃杨桃。杨桃虽是好水果,可惜不能当饭吃。由于长期缺乏营养,又是空腹吃,我的胃常常被杨桃的酸水蜇得生疼,经常因为肚子痛而掉泪。每当这时外婆就对我说,"男人不可以掉泪的。""你将来一定要做个有本事的人,有了本事就不会挨饿了!"

因为种种原因,我们在金江镇并没有待多久,又返回了临高,外婆同样贩卖水果维持生计。离加来镇二十多里的多文镇,气候温和,土壤肥沃,以红壤为主,是得天独厚的热带农业高产区,那里产的香蕉又甜又大。每至有集市的日子,外婆都一大早从加来镇的家里走到多文镇,采购那里的香蕉到加来镇的集市上卖,换取一点微薄的收入。

我曾不解地问外婆:"近的地方也有香蕉,为什么要跑那么老远进香蕉呢?"

外婆说:"卖东西就要卖最好的,这样人家才会喜欢买你的东西咯!"

长大后我才真正理解外婆的良苦用心,一对孤寡的妇孺,家庭成分又不好,怎样在集市上让别人接受自己卖的东西,唯有用真诚来换得别人的信任。这对成年后的我有很大的启发,在自己没有什么优势的时候,只有自己真心地付出才能够换来真诚的回报；为他人着想，就是为自己考虑，不管是做人，还是做事。

在我童年的记忆里，外婆是最坚强也是最勤劳的女人。每天早晨我一睁眼，她已出去劳作，留给我的饭放在灶上的大铁锅里。傍晚我放学回来，做完功课，困得睁不开眼了，她才一身汗水地回来。

外婆的善良、勤劳以及乐观的生活智慧潜移默化地影响到了我，像一束温暖的阳光射进我幼小的心灵，让我的内心不再孤单并变得坚强。

三、"偏执"中生存

心理学家分析过,多数人的心理或多或少会存在偏执的因子。

Intel创始人安迪·格鲁夫曾写过一本《只有偏执狂才能生存》。我创业30多年,加上之前的人生经历,也佐证了这个观点,"偏执"是每一个成功人士得以成功的关键秘诀。

虽然外婆没有多少文化,但在我看来,外婆其实就是我心目中最成功的企业家。因为她的"偏执",改变了我母亲的命运,进而影响了我们一家的人生,并一次次将我们拯救于危难之中,使我们得以生存下来。

新中国成立前后,加来镇不管家中穷富,很少有女娃上学,唯有我的母亲是个例外。看着满是男娃娃的学堂,童年的母亲不好意思走进去,总想找地方躲起来,却每次都被外婆像捉小鸡一样拎回来,然后不厌其烦地说服她去上学。

就这样,每天天不亮外婆就起床唤醒母亲,吃过早饭后再背着她到几公里外的学堂上学,之后外婆再去做农活。到学堂要过一条小河,一到夏季河水就涨得厉害,她们两人就深一脚浅一脚地蹚过去,几年来风雨无阻往返学堂,母亲就这样成了当时镇上唯一一个女学生。在外人眼里这就像个笑话,可是外婆根本就不在乎,她小时候没读过书,可是她不能让自己的女儿也像她那个样子,她偏执地认为念书一定能让女儿不重复她的命运。

  1950年，海南岛解放。经过几轮土改运动后，因为罗家被划为地主，外婆作为罗家的前儿媳妇也受到牵连，先是耕种的田地被当成罗家的土地收回，她们娘俩只好搬到加来镇上，靠做豆腐和熬地瓜烧酒为生。

  后来，又因为当地的地主名额不够，镇上便依夫家的成分把外婆划为了"地主婆"，她做豆腐、卖酒赚下的钱财也全部被充公。正在学校上课的母亲也被土改工作队的人找到，要求她不要再去学校。为了让女儿能够上学，外婆将自己酿的地瓜烧酒一户户送给镇上的人，让他们帮着找土改工作队说说情，虽然知道可能会是徒劳，可是她并没有放弃。

  "她毕竟是一个孩子，又有什么罪过呢？"她逢人就这样说，像祥林嫂那样可怜巴巴的。她"偏执"的劲儿上来了，无数次去找工作队的人，只求他们能让自己的女儿去上学。在外婆近乎死乞白赖地一遍遍哀求下，工作队的人终于答应了让母亲去上学，也使得我母亲得以在几年后被海南医学专科学校医师专业破格录取，成为全县百里挑一、当年唯一考到海口上学的女性。

  "文革"时期，参加工作多年的母亲在海南地区防疫中心分配到一间宿舍，并先后将我和外婆从农村接了过去。家里人口多了，靠着母亲一个人微薄的工资来养活，着实是个挑战。但在对困难无所畏惧的外婆面前，这些似乎都算不上什么。

  她在住的房子后面开垦出一片荒地种菜，并且从乡下买来几只小猪，养在房子后面鱼塘旁边几平方米大的地方，平常除了买些麸皮，还要捞些池塘里的浮萍做饲料。她还自制米酒，偷偷拿到市场上换几个零用钱，剩下的酒糟用来喂猪。家里的猪长得又肥又大，卫生系统的领导还曾特地组织人员前来学习外婆的养猪经验。利用那几平方的地方外婆不但养上了猪，还搭起鸡窝和鸭棚，养了二三十只鸡鸭，半年后家人就吃上了鸡蛋、鸭蛋……

因为家里的锅小,无法熬酒,每次去别人家借大铁锅用时,外婆总要送给人家几个鸡蛋。在外人的眼里,外婆不仅是个勤劳持家的能手,更是善于处理邻里关系,与周围的邻居相处和睦。串门的熟人来家里看到外婆养的猪和鸡鸭后,不无羡慕地与母亲开玩笑:"都说你养着你妈,我看你那点工资哪够养家啊?分明是你妈养着你们一大家子还差不多!"

玩笑归玩笑,事实上也是如此,在那个物资极匮乏、"割资本主义尾巴"的年代,大家都站在同样一条贫穷的起跑线上,能让一家子人多吃上一口饱饭需要付出多大的努力啊!外婆只是想,我要养大我的几个外孙,我不会伤害其他人,而她的这种"偏执"也得到了周围人的默许。

外婆这种面对困境变通的生活智慧,对我来说也是一种启蒙,无论人生遇到何种坎坷和困难,都要积极面对,不能拘泥于形式和条条框框,要懂得灵活应对,"方法总比问题多" 嘛!

◆ 2014年4月8日,与百岁外婆在第一届"感动创维"颁奖典礼上合影

我"上山下乡"的第四个年头,因为家里没有关系,回不了城。外婆看到别的同龄人都归乡谈婚论嫁,而她的大外孙却穷得连女朋友都没有。那年春节回家,外婆偷偷告诉我,她在我们住的宿舍旁边搞了个猪圈,养了几头猪,她悄悄到市场卖了500块钱,并在郊区买了块地。以后盖了房子大外孙可以住一楼,二外孙可以住二楼,有了房子就可以娶媳妇了。

在以后的日子里,外婆更加勤奋地养猪,加上省吃俭用,用她的"偏执"又一次让我在困难中看到了希望。"文革"后期,外婆果真在海口郊区盖起了一幢简易的两层楼房,只是那时我已考上大学,身在千里之外的广州了。

尽管人生历经波折,外婆依然乐观地对待周围的人和事,她常常绘声绘色地给我讲各种道听途说的故事,或是用亲身经历的故事教育和激励我。从她那里,我学会了如何应对命运的坎坷,以及无惧苦难的乐观精神。

偏执是什么呢?有时是一种厚脸皮,一种近乎执拗的执着,有时却是一种为了生存的信念,不达目的誓不罢休的倔犟。外婆偏执的生存之道,深深刻在了我的心中,受她的影响,我也成为了一个不轻言放弃、"偏执"的人,并且这成为了我创业成功的秘诀。

四、走过百岁

中国人有养儿防老的传统，"你陪我长大，我陪你变老。"这的确是我与外婆的人生写照。

随着外婆年龄的增长，她的身体状况也越来越差，当中也得过几场大病，最严重的是 2003 年突发的那场急性胰腺炎，差点要了她的命。我给她找来最好的医生会诊，经过一段时间的治疗后，终于把她从鬼门关边上拉了回来，又延续了十多年的寿命，一直到 2016 年 10 月的一个早上溘然长逝。

外婆走时很安详，就像睡着一样。当时我正在北京开会，得知消息后，我匆忙赶回深圳操办她的殡葬事宜，并将她风光大葬。为了方便日后祭奠她老人家，我把外婆的墓地选在了深圳的华侨墓园，背靠祖国大好河山，面向浩瀚无边的太平洋。

外婆一生勤俭节约，如果知道去世后花了这么多钱，不知会不会怪我？外婆从小就做农活和家务，在农村时白天在田里干活，晚上回家做家务，凌晨还要起来熬猪食，除了繁重的农活和家务劳动外，也会抽空挑香蕉到二三十公里以外的集市去卖，超强的体力劳动"榨干"了她的汗水，让她又干又瘦，却又相当有韧性和健康。

很早的时候，因为经济困难，没有更多的食物，外婆主要吃的就是红薯①。后来这个饮食习惯就保留了下来,即使日子变好了,她还是喜欢吃红薯。

这也间接影响到了我的饮食习惯,从小在农村跟着外婆吃惯了,觉得红薯最适合自己肠胃消化。我现在每天的午餐和晚餐基本不吃米饭,也经常将红薯当主食。有时出差在外,甚至在飞机上也带着吃。记得有一次我在长沙开会,晚上九点多,突然有点饿了,就让人去附近的超市看看有没有红薯卖,买回来后就利用酒店的茶水壶煮了吃。

其实,红薯对我还有更特别的意义,它会让我想起小时候和外婆相依为命的那段岁月。因为海南老家的沙壤土适合种植红薯,在那里,我租了两三百亩地专门用来种植红薯并注册了"黄阿婆红薯"的食品品牌,算是对她老人家养育我成长的一种感恩和纪念吧!同时,也希望让更多人能吃到绿色无污染的健康食品。

平生经历过苦难、风雨,外婆的心态一向非常好。在我面临创业困苦时总会劝导我,她的沉着、淡定会感染我的情绪,进而激发我的斗志。通过与乡亲们的谈话、身边人的聊天或电视的节目,外婆能感受社会的变迁,并对新事物充满好奇之心,脸上总带着笑容,那是发自内心的愉悦。

外婆终身追求"事业"。年轻的时候是把自己的女儿养育成人,这个阶段性目标实现以后,她的新的"创业"就是让她的外孙有更好的前途,她

---

① 注:红薯是一种营养齐全而丰富的天然滋补食品,富含蛋白质、脂肪、多糖等多种营养成分,有抗癌作用。蒸红薯的 GI 值是 54,属于低 GI 食物,而且它含有大量的膳食纤维,摄入后引起的血糖波动较小,消化速度也会减慢,饱腹感延续时间较长。专家研究后指出:红薯是一种碱性食品,含高纤维素,除可以滑肠通便外,还可中和人体内累积过多的酸。此外红薯中的胶原及黏多糖类物质,可以预防动脉血管硬化与保持血管弹性,加强多余胆固醇的排泄。它还能保持皮肤健康,增强人体抵抗力。

◆ 2006年9月，作者外婆参加第一届"创维之星"总决赛

也很享受能分享到这种事业成长的乐趣。记得20世纪90年代我接她到香港去安度晚年，她每天的生活就是到茶楼和老乡喝茶叙旧，结果待了一年多她就强烈要求回到创维的工厂，去当一名普通的员工参加创维的生产。她老了后唯一的选项不是享福，而是终身的奋斗，在奋斗中享受快乐，这就是外婆精神富足，能够长寿的主要因素之一。

世上有一种痛是快乐的，那是苦难深入骨髓后成为一种生理本能后的反应，面对苦难甘之若饴，并一生乐在其中。世上有一种信仰是至死不忘，用一生的孤独换来此生永久的承诺。

20世纪80年代初，对岸歌曲《外婆的澎湖湾》随着改革开放之风传入内地。每当听到这首歌我都会心情激荡，想象着外婆的恩情、外婆的点滴、无限地怀念，并不由自主地哼唱起来。这首歌陪着我上完大学，到我参加工作，再到之后的创业，一直到外婆活过百岁高龄，使我终生难忘！在悠扬的旋律声中，我童年与外婆相濡以沫的点点滴滴，犹如昨日之事常常浮现于眼前。

晚风轻拂澎湖湾，白浪逐沙滩

没有椰林缀斜阳，只是一片海蓝蓝

坐在门前的矮墙上，一遍遍怀想

也是黄昏的沙滩上，有着脚印两对半

那是外婆拄着杖，将我手轻轻挽

踩着薄暮走向余晖，暖暖的澎湖湾

一个脚印是笑语一串，消磨许多时光

直到夜色吞没我俩，在回家的路上

澎湖湾，澎湖湾

外婆的澎湖湾，有我许多的童年幻想

阳光、沙滩、海浪、仙人掌

还有一位老船长

……

小结

有时我在想，外婆经历了那么多的苦难，却能活到105岁，是她的体内藏了什么长寿秘密吗？以我的亲身体会，她长寿的宝贵秘诀应该有如下几点：

（1）心怀感恩。她经历过旧中国的苦难，非常感恩中国共产党建立的新中国。在这个伟大的时代国泰民安，没有军阀混战，没有民不聊生，改革开放又让我们的经济、生活发生了天翻地覆的变化，这一切她看在眼里，记在心里。感恩让她的内心一直有光，所过之处都是温暖和笑容，每天生活在快乐之中，我认为这是她长寿的第一要素。

（2）一生也均在追求"生命的意义"，"生命的意义"对读书人来说比较有高度，但对一个没有读过书的老太婆，她是怎么追求"生命的意义"呢？我想这可以分为三个时段：

第一个时段，通过个人的勤奋、努力，养活一家子人，让自己和家人度过了艰难困苦的时光；

第二个时段，培育自己的亲生女儿，让她能够长大成人，在学业上有所突破，改写人生命运；

第三个时段，是有生之年见证、分享外孙的创业成就，看到了外孙创办的创维集团从小到大、从弱到强的这样一个过程，并成为世界级的产业龙头。她永远是一个在追求"生命意义"的人。

（3）活到老，干到老。外婆一生几乎没有真正的歇过。她不打牌，不熬夜看电视，早上起床后就不停地在创维厂区里转，当一名永不退休的"老员工"，做一些有趣的事情，不像有些退休老人长期看电视、打牌、不运动，把身体都搞坏了。

（4）生活非常自律。外婆每天六点起床，活动之后冲凉，再之后开始梳头，从不间断。吃完早餐后，或是晒太阳，或在工业园里转悠，从不暴饮暴食。每天中午小睡一会，晚上早睡。规律的生活有益健康。

第二章
黎明前的黑暗

《易经》六十四卦中,每一卦都有一条基本规则,即:"初难知,上易知;二多誉,五多功;三多凶,四多惧。",这也算是一切事物发展兴、盛、衰、退的渐变规律,代表着人生中的一个个阶段,一种错综复杂的处境。

其实,我并不太懂这些晦涩难懂的爻辞、卦辞,但从"三爻多凶""四爻多惧"的字面上猜,想必也不是什么良善言词,应是隐含人生凶险、恐惧,一如黎明前的黑暗了。我的人生当中曾遭遇过各种凶险的坎坷,它们贯穿我的童年、少年和成年,那些人生的至暗时刻,至今想来依然让人深感忧惧和不安。

一、南渡江

南渡江，也称南渡河。满打满算，我在南渡江边只生活了半年多的时间，那是我与外婆离开临高一年后流浪到澄迈的第一个落脚点，我们在这里暂时得以休整。

与临近海边的新盈港镇不同，金江镇依河而建，南渡江自西向东穿境而过。川流不息的河水成为全镇赖以生活的水源地，河水除了用于烧水、煮饭、洗衣、冲洗农具，农民还会将放养的猪、牛赶到河水里冲洗，水质很差。

那个年代没有自来水，即使水质受到污染，河两岸的居民依然要喝受到污染的河水。我的母亲曾长期在海南防疫部门从事传染病防治的工作，据她说传染病大都与饮食卫生有关，尤其在农村等偏远的地方，要格外注意饮用水卫生处理和粪便管理。

那年我五六岁的样子，每天跟着外婆去贩卖水果。每次经过，都会看到榕树下乘凉的老人们，他们有赤裸上身抽水烟的干瘦老头，也有身着短袖的老太太。河两岸生活的人死亡率很高，说不上哪天树阴下的一些老人就不见了。

到了今天，可能很多人还不明白国家为什么要花那么大的力气在全国范围内推进减贫脱贫，让农村自来水普及率达到84%[①]，提高农村饮用水的水质。贫困中的人，能有口饭吃，有件衣服裹在身上，有间房子能挡风遮雨就够了，这种低水平的生活标准让人没有太多的欲望去改变，只认命般地循环着低寿命的轮回。

后来，身为医生的母亲又跟我提及过一些因传染疾病致死的例子，其中就有以水为媒介的传染病。人畜粪便等生物污染物污染水体，可能引起细菌性肠道传染病，如伤寒、痢疾、肠炎、霍乱等，这些细菌会慢慢侵蚀人的身体，削减人体免疫力，使感染者在痛苦中死去。

那些榕树下的老人并非是风烛残年，而是生命力在不断流失，潜藏的慢性疾病就像那榕树的须根一点点将他们的生命吸走。我不是一个迷信的人，除了从小到大受的教育让我对鬼神敬而远之外，到现在我也无法想象那些枝叶茂盛的榕树会变成一个个吸食人类生命力的魔鬼。可是当你置身在一个充满死亡和腐臭气息的环境中时，你会将那些疾病想象成什么呢？

在南渡江畔的半年多时间里，我经常生病、发烧。在持续高烧下，我的脑子里会出现各种各样的怪物，那些怪物一个个从我的潜意识里爬出来，折磨着我的身体，让我在夜里惊悸、哭泣。一开始，外婆以为我是受到惊吓或什么其它原因引起的，就去附近的庙里乞求菩萨保佑，托人画些符纸烧了，却都不见效果，只得找赤脚医生开一些退烧的药物。

有一次，我肚子疼得实在受不了，在地上滚来滚去，外婆扔下手里的东西就背我去了澄迈县城医院，检查的结果除了营养不良，还有长期饮用不洁的水引发的肠道疾病。在医院治疗两天后，我的病情稍微好转，便又回到了住处。自那次之后外婆就时常打听临高那边的消息，为我们早日结束在澄迈的流浪，也为我寻找一个更好的成长环境做准备。

[①] 央视网.中国这十年：十年累计解决2.8亿农村居民饮水安全问题[EB/OL].[2022-09-13].https://politics.gmw.cn/2022-09-13/content_36022263.htm.

1963年，南渡江上游的松涛水库建成后开始放水，汹涌的浪头冲刷起河床里的泥沙、污物一泻千里，翻着混浊的细浪奔向远方。与河水流向相反的，是我与外婆重新踏上的流浪之路，只是这一次我们要返回临高。望着滚滚而去的河水，我问外婆，这些水会流到哪里去呢？外婆说，会流向大海！

每一只黑暗中的飞蛾都会扑向灯火，因为它们喜欢看到光明，每一条潺潺的溪水都想汇入大海，因为它们有一颗向往的心。童年生活在南渡江畔的我，因为长时间流浪，缺乏营养，人长得又瘦又小，充满对健康的渴望，渴望自己能像正常的孩子一样，自由地奔跑，自由地下河游泳、捉鱼，去摘食树上的果子……

二、黎母山（上）

那是一个充满个人崇拜和信仰的年代，也是一代人历史性格形成的青春时期。

1973年11月28日上午8点，参加完上山下乡的动员大会，我告别母亲，与海口市科教系统的68名子女分别乘坐几辆解放牌大卡车，浩浩荡荡地出了城，那一年我十六岁。

车队从海口出发，沿公路向中西部的山区进发，进至山区，路面变得崎岖颠簸，一百多公里的距离，足足折腾了一天，直到傍晚才到达此行的目的地——海南琼中县黎母山林场。

作为"红旗下生、红旗下长"的共和国新一代，我与那个时代出生的孩子们一样，在新中国光辉的沐浴下，在嘹亮的歌声中，我们背起背包，走进高耸入云的群山，接受贫下中农再教育。

在初踏进黎母山漆黑夜色的那一刻，一股巨大的孤寂感将我们包围，除了汽车的灯光和林场房子里微弱的煤油灯光外，方圆几十公里没有一点烟火，较之城市的繁华和喧嚣，山中的沉寂以及深夜动物们的叫声听来都令人头皮发麻。

然而比这更糟糕的还在后头，因为我"出身"不好，加之家里没有"关系"，我被分到了条件最苦、最差的黎母山林场第二分场，并被安排进了

◆少年时期的黄宏生（左一）

木材班，干起了很费体力的撬木工作。

"撬木工"主要是每天到森林里找到伐木工们已经砍伐好的原木，再利用木棍将其撬到山下，便于集中后拖走。这项工作十分消耗体力，每次工作都要翻越好几座山岭，甚至攀岩过壑，除了要在群山中穿梭，还要克服热带雨林中恶劣自然环境的影响。

刚来林场没几天，我们几个新分来的知青被安排上山参加思想改造，任务是砍伐一棵几人才能环抱的参天大树，然后运到山下。整个过程都是人工参与，在完成任务的过程中，我们几人身上都流出鲜血，大家搞不懂怎么回事，都有些害怕。

之后老工人告诉我们，这是雨林深处的一种蚂蟥造成的，平时它们潜伏在草丛和树枝上，有人经过时，它们就悄无声息地附到人的腿脚或者手臂上，在血管处吮吸血液变成一个圆圆的血瘤，有的吸得深了还要用火烧才能把它们从体内拔出。

虽然这些蚂蟥给我们带来了一些恐惧，可是与那棵数十米高的松树被砍倒所带来的震撼相比却是不值一提。那是我头一次见到那么粗的大树被砍掉，那棵松树应该在黎母山上生长了几百上千年了，看着它在几个老伐木工的斧头下一点点被砍倒，我竟萌生出了一种复杂的情绪。

唐诗里有一句"感时花溅泪，恨别鸟惊心"，先前读来并没有什么感受，看过那次砍树后，我对生命的认知似乎又有了一些新的看法，虽苦于十六七岁的年纪道不出什么究竟，但在心中留下的印象却是极为深刻。直到数十年后接触到阳明心学才有所感悟，那是一种"万事万物皆有心""天理即是仁心"的悲悯情怀！

> 所谓汝心，亦不专是那一团血肉。若是那一团血肉，如今已死的人，那一团血肉还在，缘何不能视、听、言、动？所谓汝心，却是那能视、听、言、动的，这个便是性，便是天理。有这个性，才能生这性之生理，便谓之仁。①

当那棵上千年的大树被砍倒后，它断开的树桩里"汩汩"地冒出了好多透明的汁液。那是大树在流泪吧，如果万物有心，那么它们是否也会在斧头落下的那一刻呐喊、哭泣呢？大树的"泪水"流了很长时间，直到它的主干被分成几段运到山下，为此我的心情低沉、郁闷了很久。

---

① [王阳明《传习录》（109）] 注释：所谓你的心，也不单是那一团血肉。如果只是指那一团血肉，那现在已经死去的人，他的那一团血肉还在，为何不能看、听、说、动呢？因此你的心就是那个能使你看、听、说、动的心，这个就是天性，也就是天理。有了这个性，才能产生性的生理，也就是仁。

对于十六七岁的我来说，不敢想象自己的未来是否注定要在这与世隔绝的大山中，与那些一年四季在野外伐木的老工人们一起，将自己的大半生都放在与世隔绝的山沟沟里，日复一日、年复一年地存活下去。

常年从黎母山上流下来的溪水在深山中流经很多腐朽的树根、枝叶，以及动物的尸体，看似清澈，实则有毒。这些溪水未经沉淀和过滤，长期饮用极易生病，林场中每年都有因为喝了这些受过污染的水导致患癌死去的员工，这应该是大自然对人类的一种惩罚吧！

我曾在2000年左右看过一则报道，是介绍新中国第一代伐木工人"全国著名劳动模范"马永顺的。在新中国成立后的三四十年里，以伐木为引领的森林工业为国家提供了大量建设材料，老一辈林业工人以他们的青春和热血唤醒沉睡千年的林海，也开启了林区艰苦创业的历程。

在退休后，马永顺执意要上山造林，他粗略计算过，自己砍伐过3万多棵树，他要把这笔"债"给大山还上，从还自己的"欠账"到尝试还一代林业工人的"欠账"，为此他义务植树几十年，直到生命的结束。

我想，他应该也曾被那些砍倒树木的"泪水"所震撼，进而产生悲悯的情怀吧！

三、黎母山（中）

整日待在山中，守着一堆枯燥、乏味的木头，一点乐趣都没有。

唯一与外界沟通的是林场总部偶尔组织的知青学习会，可以顺便去看一看总部的女知青们，读读新闻，听听革命歌曲，如果幸运的话还能看一场电影。每到那时，即使平日最懒散的知青都会屁颠屁颠地跑下山。

◆ 与同学合照（少年时期，第二排左二）

林场的劳动强度很大，许多知青都觉得苦不堪言，初来时的满腔热情和革命理想早已消磨殆尽，转而陷入一种对未来的焦虑、迷茫之中。因为出身的问题得不到解决，我长期处在一种自卑当中，只知埋头苦干。

有人劝我不要那么傻，在深山里出那么多力、流那么多汗没人会真正在意。我听后只是笑笑，每次上山作业，依然冲到最前面，主动地承担一些繁重的活儿。因为在知青中表现良好，我被选为黎母山林场团委副书记兼第二分场团委书记。

来黎母山林场的次年，第二分场就面临着要修路的问题。因为第二分场附近山上的木材资源基本砍伐殆尽，只剩下近乎光秃秃的山头，要想砍伐优质的木材只能到更高、更远处的深山中，所以急需修一条公路通往深山。

在深山老林中修路很不容易，山里常年云雾弥漫，并且山势又极为险峻，加之要挖山凿石，又没有机械设备，只能靠人工在半山腰上凿山炸石。

为了修路，我主动请缨组建了青年突击队，并担任队长，同时主动承担了危险的爆破任务。同伴们在我的腰上绑了一根又粗又大的绳子，把我放到半山腰，当点好一个炮眼后就快速移动到下一块巨石旁边。一个一个炮眼地点燃，巨石也一块接一块地炸开。在震耳欲聋的爆炸声和纷飞的碎石中我镇静地操作，完美地完成了爆破任务。

十七八岁的年纪，正值青春年华，对未来充满憧憬。对现在的孩子们而言，他们大都坐在教室里，为了高考而努力学习。而当时的我们呢，却已经挑起了大人们的担子，在莽莽群山中，与大自然做着抗争，与自己的命运抗争。

那是一个思想单纯的年代，年少的我在危险的爆炸声中，在一团团硝烟中不断攀爬游走，一切如梦般让人回味，青年的豪迈、无畏和那种"众心齐，泰山移"的集体主义精神至今让人怀念。

敢于冒险的特质既给我带来一定赞誉，也给我的生命引来了一些风险。终日在危险的边缘游走，谁也说不上哪一天会有意外发生，而意外又总是来得那么突然和令人恐惧。

"上山下乡"的第三年，由于不怕吃苦，勇于挑战风险，我被调到第三分场任场长，经历了人生中第一次与死亡的近距离接吻。

那是第三分场再正常不过的一天，作为分场场长的我，带领着林场工人架好了简易的山地索道机，准备利用两个山头的落差用索道吊运木头。当索道滑轮下悬挂着的原木像往常一样向另一边的山头滑行时，意外发生了。

只见那根木头滑出没多远，滑轮就卡住了，沉甸甸的木头吊在半空中荡来荡去。因为是单向的滑轮，一旦卡住就拖不回来，也滑不下去。突然的意外情况把众人都吓住了，大眼瞪小眼一个也不敢上前。

为了尽快排除故障，我身先士卒爬上索道，一点点地朝滑轮卡住的地方爬去。手中的钢索又湿又滑，钢索上冒出小钢丝穿过手套，扎得手生疼。滑轮下方的木头，被山谷中的风吹得摇来晃去。突然"砰"地一声，钢索呼啸着断裂开去，刹那间粗大的断索借势在空中如狂燥的巨蟒一样弯曲、盘旋，之后迅速垂下。被滑轮卡住的木头翻滚进旁边的山谷，我则从数米高的空中跌落到地上一动不动，失去了知觉。

突如其来的变故把众人都吓傻了，等大伙回过神后，除了回林场报信的，其余人员尽快用树枝和藤条制作了一副简易担架，将人事不省的我抬下山，先是送到林场总部医院抢救。之后，又被转送到海口市中医院。

许是福大命大，也可能是我那强烈的求生欲望感动了上苍，入院一周后我清醒了过来。虽然从高处跌落，并被断索砸中，好在黎母山上的草木茂盛，缓冲了我下坠的力道，而断索也没有打到身体的要害位置。最终，我被诊断为轻度脑震荡、手部骨折和右肩胛骨断裂。为了不留下后遗症，我留在海口市中医院住院治疗了一段时间才返回黎母山林场。

同期来黎母山的知青以及第三分场的工友们先后到医院探视我，斜躺在病床上的我，头部、手臂、背部都被纱布缠得结结实实，没有半点原来的样子。女知青们心软，看到我伤重的样子，忍不住哭了起来。我从绷带后面挤出一点笑容安慰大家："别哭了，我很快就能回林场，回去后继续和你们并肩战斗。"治疗了三个月后，感觉已无大碍，我办理了出院手续又回到第三分场。毕竟那时年轻，身体恢复得好，丝毫看不出是个大伤初愈的病人。

经此一事，林场的工友们都对我这个年纪不大却敢于拼命的场长佩服不已，并起了一个"烂命知青"的外号。

四、黎母山（下）

关于我在黎母山的未来规划，我曾经有过几个设想，先是当一名拖拉机手，后来想当一名小学教师，又或者是在林场扎根一辈子……当然这些设想并不是我的理想，很多都是在我苦于无法入党之前的权宜之计。

1976年是我下乡后的第四年。知青们很多都到了成家立业的年龄，凡是家里有点"关系"的人，大都招工回了城，社会关系好点的甚至能去参军或者被推荐去读工农兵大学，只剩下一些没有背景的人还在那里干活，这当中也包括我。

看别人有好的去处，林场里的人心逐渐散了。不甘心留在林场的知青，感觉继续留在这艰苦的地方没有任何意义，有的就选择逃回城，回城后或流浪街头或是找点散工做做。

那个时候都是靠人力拉车，拉木材、拉粮食。当时的海南人民公园里有一个很长的坡，旁边就站了一帮逃回城的知青，专门给人拉货。有人拉车来了，大家就帮忙一起推上去。长坡大约两公里，把车拉上去要将近一个小时，中间还要休息，这样下来一天能挣一块钱左右。

眼看着回城无望，即使逃回去也游离于城市边缘，我选择了留在林场，一是想通过下乡后的改造摆脱命运的束缚，二是想争取入党，完成思想上的追求、政治身份的转变。然而命运弄人，一次次的机会与我失之交臂，即使平常表现不如我的人都先后离开林场，而我这位"烂命知青"依然留守在大山中。

我没有靠早恋打发日子，没有去偷周边山民的鸡鹅满足自己的口腹之欲，而是坚持在煤油灯下苦读、写日记排解苦闷。我总相信终有一天会等来命运的转折，可是每当收工后回到宿舍，看着同伴离开后空出的一张张床铺，心中越发感到悲凉、灰暗。

昔日的热闹不再，在这与世隔绝的林场，我就像一个被全世界遗弃的孤儿。那种度日如年的感觉让人很是焦虑，我整晚、整晚地睡不着觉，情绪上总莫名地有一股怨气。我试图靠读书平复一下心情，却怎么也看不下去，窗外的风吹得书页"哗哗"作响，让我的心情更是烦躁。

大山里的夜，并不平静，时不时会冒出几声猫头鹰"咕咕"的叫声，我躺在床上翻来覆去，没有一丝睡意。"世界为何如此不公？上天为何如此待我？"我的内心在做着深刻的思想斗争，回想着来到黎母山林场后发生的一幕幕。上山下乡的这三年，我一直积极表现，不怕吃苦，脏活、累活主动干，可是因"出身"问题，一直未能如愿入党，反而被边缘化，并被贴上了"问题青年"的标签。知青们对我的态度从之前的无话不谈到纷纷躲避，在了解到我的"出身"后，原来关系亲密的伙伴，也逐渐冷漠起来。

怎么就从一个受人敬重的"知青领袖"，变成"问题青年"了呢？我一遍又一遍地质问自己。自己并没有做错任何事，难道先前的努力、积极表现都白费了吗？老天真要如此不公吗？筑路时主动去当爆破手，自己冲锋在前当"烂命知青"差点连命都丢了，这些是不是都毫无意义呢？

一连几天，我对身边的人和事都提不起任何兴趣，时常感到内心空落落的，动不动就发脾气，连面对平时最喜欢的看书和写日记都失去了兴致。林场里的人似乎也看出了我的不对头，尽量躲得远远的。这种情况一连持续了近一个月，那段时间里我几乎每天白天都浑浑噩噩，到晚上却是异常清醒，怎么也睡不着。

圣人王阳明道："人须在事上磨，方能立得住；方能静亦定，动亦定。"艰难困苦，正是对心性的最好磨砺。多少年之后，当我亲临圣人被贬职流放的贵州龙场，看到那个圣人曾居住的小山洞——玩易窝时，内心竟产生强烈的震撼和共鸣，不禁让我热泪盈眶，那种在孤独中寻求内心的宁静和修行是多么的不容易啊！

当又一个夜晚来临时，我从茅屋里推门而出，皎洁的月光下，群山环绕。看着那片亿万年形成的山体和覆盖在上面的原始森林，我感觉一个人是如此渺小。望向深蓝黑色的夜空，耳边有虫鸟低吟，森林里有风拂过。我慢慢闭上眼睛，再次睁开时，已心如止水，先前的孤独、委屈、焦虑的情绪大都不见了，取而代之的是平静、安宁。

多年以后，我才得知当时的状态应是轻度抑郁症的表现，如果再持续一段时间我可能整个人就废了。

五、入党

> 黑夜给我黑色的眼睛，我却用它寻找光明。
>
> ——顾城

1976年上半年，鉴于我在林场里工作的突出表现，我被选拔到海南路线教育工作队，派到琼海县泮水公社黄坭岭生产队当队长，主要负责粮食生产。离开深山老林，来到琼海农村，我一如既往地保持低调，干什么都积极主动。

琼海是"红色娘子军"的发源地，琼海女人是出了名的能吃苦耐劳，也磨练出坚韧独立的个性。但过去这里的女人们长期受封建礼教的压迫，不能读书，很小就去给人当童养媳，没有自由选择的权利……

因为琼海的男性劳力大都随船去远洋捕鱼，农田里的活计主要靠妇女下田去做。我们这些教育工作队队员就肩负着白天带领妇女下田劳动，晚上进行政治路线教育，启发她们的思想，批判一些错误的政治纲领的重任。

每天鸡叫三遍，天还蒙蒙亮时，作为生产队长的我就站到村口树下"铛铛"地敲钟，等人齐了就带大家一起下田劳作。虽然来黄坭岭的时间不长，但我没有城里知青的架子，跟社员们一起下田就是一个"泥腿子"，很快就赢得了他们的认可,威信也慢慢树立起来了。我就把自己当成一个农民,去熟悉插秧、薅草、施肥、收割等活计。

那时农民的生活很贫穷,虽然靠海,也没什么盐可吃,平时只能买一些渔民腌鱼用剩的盐水,两分钱一担,农民买了挑回家里,每次吃饭时放一点点,让饭有点咸味。相比林场里发霉的大米、腌渍的萝卜干和臭气熏天的咸鱼,这点盐水倒成了美味。

适应新的环境让我暂时忘记之前不能入党的痛苦,繁重的劳动也让心中的杂念减轻了不少,每天拖着疲惫的身体回到住处后,几乎躺下就能睡着,深度睡眠极大缓解了我精神上的焦虑。日子虽然清苦,精神上却比在林场时好了许多,我甚至打算如果一直回不了城,就争取在农村当一名小学代课老师。

那一年,经过辛勤的耕耘,加之天公作美风调雨顺,当地的粮食大丰收,比往年增收了近一倍。社员们欢欣鼓舞,交完公粮以后,还能换一些副产品改善生活。我所在的生产队也被评为了当地的"标兵生产队"。

中国人有句老话:"人挪活,树挪死",当人身处困境时,假如改变一下思路、换个环境,或许会有新的起色,以前不可能的事情也会变得可能,将死路变活路,甚至会遇到贵人。

在海南路线教育工作队,我当真遇到了改写命运的贵人。因为我踏实、勤奋的表现,引起了路线教育工作队的带队组长,当时海南侨办邝主任的注意。

邝主任是早期参加革命的老干部,说话很有分量,当他了解到我因为"出身"问题而无法入党时,觉得实在可惜,就力排众议介绍我入党,并亲自当我的入党介绍人。

困扰多年的"出身"问题,终于可以用"柳暗花明又一村"来形容,我如愿以偿地加入了中国共产党,当组织上批准我入党的那一刻,我喜极而泣。老天终究不会辜负有心人，努力的人总是幸运的。

那年的年底，当我带着党员的身份及在路线教育工作队所获得的荣誉回到黎母山林场后，很快被提拔为第三分场的党支部书记兼场长。半年后，我被推荐到海南党校参加为期三个月的学习，从此开启了命运的一系列转折。

六、终见曙光

人生道路只有在回顾的时候,才能觉察它的真谛,但我们却必须向前活着。

当多少年后,我再度回顾在黎母山林场度过的四年多知青生涯时,我竟惊奇地发现,在那条件艰苦的深山里,恶劣的生存环境和背负政治出身的"原罪",并没有让我迷失方向,我坚持每天写日记,看《十万个为什么》,复习中学课程。

《基督山伯爵》书中的最后一句话是:"人类的一切智慧是包含在这四个字里面的:'等待'和'希望'!"四年多的等待,我终于等来了恢复高考的消息。

1977年10月21日,似一声春雷惊动整个华夏大地——"恢复高考",消息迅速传遍了海南岛。此时,我正在海南党校参加为期三个月的学习,得知恢复高考的消息后,心绪难平,那个藏在心中的"大学梦"终于有了得以去实现的机会。

在家人的鼓励和支持下,我决定参加高考,放弃在林场的已有地位,圆自己的大学梦。借用在党校学习的机会,我边进修,边复习功课。因为距离高考只有不到两个月的时间,为此我跑遍海口的书店购买学习资料,最后从一家旧书店花五毛钱买到一套老版本的《数理化自学丛书》,开始通宵达旦地看书、做题。

在这当中，我将自己参加高考的消息报告给了林场总部领导，林场有人觉得我是鬼迷心窍了。因为当时我只有20岁出头，已经是分场场长和书记了，林场总部也把我列为后备干部重点培养，按有些人的说法，可谓前途无量。

林场一位老领导亲自找我谈话，让我想清楚，如果"弃官从学"，等于是放弃已有来之不易的地位，一切重新来过。我谢过了那位领导的好意，表达了自己坚持去考大学的决心。

没有人知道自己的未来会是个什么样子，会进入哪个行业，是当一名政府官员，还是企业家、银行家，或者一事无成。但是当时的我认定自己一定要读大学，这一生若不能接受正规的高等教育，我是无论如何不能原谅自己的！凭着这股拼劲我争分夺秒地复习，终于在一个多月后走进了高考考场。

那年冬天，关闭了11年之久的高考大门终于开启，象征着一个国家建设发展历程中的重要拐点，一个民族对知识和人才的重视，其历史与现实意义不言而喻。全国有570万考生从山林、牧场、工厂、矿山等地奔向考场，去迎接命运转折的曙光。

考试结束后，我在党校的学习也接近尾声。我告别家人，再次回到林场静候命运的裁决。

等待是漫长的，因为有了那份对改变命运和求知的渴望。高考成绩不错的我在填报第一志愿时很想报华南工学院（华南理工大学的前身）无线电系，因为无线电系在当时是保密专业，对于自己的"出身"问题，我还是有些担心，所以报了华南工学院的机械系。

1978年春天，海南岛附近经历了一场不大不小的台风，海面波涛汹涌，白浪翻滚，琼州海峡的所有运输船在港口内停泊了半个多月，才在风

◆ 1979年作为班长在华南工学院组织班级活动

势和浪涌减缓时恢复通航。

　　林场里陆续有人接到岛内大中专院校的录取通知书,欢天喜地上学去了。我却迟迟没接到大学录取通知书,心里不免有些失望,又有些不甘。后来才得知因为台风的影响,岛外大学的录取通知书足足被耽搁了半个多月才送到考生们手中。

　　我幸运地接到了华南工学院的录取通知书,而且因为我的物理成绩突出,被无线电工程系破格录取,当我打电话告诉家人这个好消息时,心几乎要从身体里飞出来,我紧紧地将通知书攥在手里,惟恐它会飞掉,那一年我21岁。

　　外婆逢人就讲他的孙子考上了广州的名牌大学。母亲也在家摆了几十桌酒席,远亲、近邻、朋友、同事们纷纷前来喝酒祝贺。

　　多少年后,当人们回顾知青岁月时,许多人都将它归为苦难前行的"蹉跎岁月",但我更愿意将它称之为人生的"峥嵘岁月"。那段岁月留给我的,是永远昂扬的斗志,是面对苦难,承受苦难,坚韧执着,获得新生的希望。

小结

长时间在黑暗中前行的人,见到阳光的第一反应并不是立即睁大眼睛看过去,而是先捂住双眼,因为处在黑暗的时间太久,眼睛会一时适应不了强光。

童年的困苦、病痛和黎母山近五年的肉体、精神上的双重磨砺,正是那双捂住我双眼的手,只在我历练出足够的韧性和勇气后才让我看到光明。诚如古人所说的"天将降大任于是人也,必先苦其心志,劳其筋骨,饿其体肤,空乏其身,行拂乱其所为,所以动心忍性,曾益其所不能"。

有时年少时受一点苦难、挫折,未必是什么坏事,有过那样一些经历,再面临困难时我们才能泰然处之,不去逃避。在一切事物的发展规律中,翻过逆境的高墙,熬过"三凶""四惧"的重重磨难,终会迎来"功""誉"的收获,只是时间早晚而已。

黑暗总会过去,光明也终将到来。苦难的岁月已然熬过,还有什么能够打倒我们的呢!

第三章

山河巨变

1977 年 10 月 21 日的恢复高考,给无数下乡知青和有志青年带来了希望,改变了很多人的命运,也成为一代人刻骨铭心的历史记忆。

经济上,通过改革开放后采取的一系列举措和转型政策的引导,蛰伏已久的经济潜能得以激发,中国发生了翻天覆地的变化,掀开了一个波澜壮阔的新时代。国内生产总值由 1978 年的 0.36 万亿元跃升至 2021 年的 114.37 万亿元,中国成为世界第二大经济体。

从家电三剑客到新能源先锋

一、华园情深

即使已是深秋，华南理工大学校园里依然是满眼苍翠，娇艳的叶子花盘桓湖岸，幽蓝色的蓝花草横阵路边，还有绿叶丛中错落的龙船花，都开得格外热闹。

2018年11月的一天，作为77级校友，我和爱人林卫平再次受邀来到华南理工大学参加华工77级入学40周年校友交流大会。这已经不是我们第一次返回校园了，漫步熟悉的校园，看着东、西湖边行色匆匆、朝气

◆ 2018年11月17日，参加华南理工大学66周年校庆活动（右）

蓬勃的青年学子，仿佛看到了四十年前的自己，在华园红楼读书，在湖畔晨跑……

那时，我们一帮男生喜欢趴在宿舍的窗户上，看着楼下来往的女生。想想一年前的自己还在深山中与一帮伐木工人为伴，而此时却进入象牙塔内，享受这阳春白雪的大学生活，感觉特别幸福。

大学对每个人来说，都像是在人生路上打开了另一扇窗户，尤其身在广州这座大城市，处在改革开放的前沿，生活的色彩和形态开始变得让人眼花缭乱、丰富多彩。从初来大学时的拘谨，到适应这座城市的生活，我发现原来生活还可以是另外一个样子！

国家命运的转折，带来我个人命运的极大变化，从改变政治身份的欣喜，到生存环境的巨大反差，让我从先前自卑的心态中一点点走出来，转而变得越发开朗、活跃。

◆ 1998 年 2 月，回母校华南理工大学做报告

1978 年 12 月发生了一件大事，中国共产党十一届三中全会召开了。这是一次注定要载入史册的大会，它实现了新中国成立以来党的历史上具

有深远意义的伟大转折，开启了改革开放和社会主义现代化的伟大征程。很幸运，我们能够成为那个重大历史发生瞬间的亲历者。

台风过后的广州城市上空，蓝天、白云显得格外明朗，华园内一帮青年学子静静地倾听着校园广播里播放的全会公报，宣传栏处张贴公报的长廊前更是人头攒动。人们欢欣鼓舞，争相传颂着公报内容，每个人的心中似乎都在感叹：一个伟大的时代开启了。

"党的十一届三中全会做出了把党和国家工作中心转移到经济建设上来、实行改革开放的历史性决策。这是中国共产党人在当时历史条件下一个了不起的伟大觉醒。"①

经济建设和改革开放的实施必然会带来无数的发展机会，对青年学生们来说，没有比一个充满无限可能的未来更让人心动的，我们在校园里所要做的，就是争分夺秒地汲取知识，以迎接这即将到来的伟大时代。

不管是白天，还是夜晚，华园里到处都是像我这种为了补回在"文革"中失去的宝贵时光，如饥似渴汲取知识的同学。经过了艰苦的知青生活，突然有了一个这么好的机会可以读书，谁还不倍加珍惜这来之不易的机会呢。

在"博学慎思，明辨笃行"的学习氛围中，凭着对知识求知若渴、坚持不懈的学习劲头，我硬是从41名同学中脱颖而出，从刚入学时的"后进生"，到大四下学期的时候，各门功课达到平均分93分，取得全年级第一的好成绩。

1981年，中国足球队首次冲击进军世界杯。为了照顾院系里的球迷们，学院把无线电系实验室用来做实验的一台9英寸黑白电视机放到大厅，给同学们观看电视频道的足球赛转播。在欣赏到精彩球赛的同时，电

---

① 温红彦，李林宝，史鹏飞.党的十一届三中全会：实现伟大转折　开启伟大征程[N].人民日报，2021-03-01：05.

◆ 1982 年，华南工学院无线电工系 50177（2）班毕业合影（黄宏生为第三排右一，林卫平为二排左五）

视机的魅力深深地震撼了收看转播的大学生们，那个小小的四方盒子简直就是连接世界的窗口！

当时索尼和松下是世界彩电品牌的领先者，我们国家什么时候才能出像索尼和松下这样的电视巨头呢？收看完电视节目后，我们这些无线电系的大学生都陷入了沉思。这种想法一旦在心里埋下了根，就悄悄地发了芽，并促成了我的毕业论文《黑白电视机的设计》，当时我便立志要打造一个中国的"索尼"。

三十多年过后，提起中国电器行业的名牌企业，人们很自然就会想到 TCL、创维、格力、康佳、中集、粤海、德生、超声等这些响当当的名字，其实，他们的老总全都是华南理工大学的毕业生。他们中的大多数人都是当年收看了那场球赛的大学生，而且都出自一个编号——50177。

代号 50177，意即 1977 年入学的华南工学院无线电技术专业学生班。无线电系称 5 系，分别有 501、502、503、504、505 等专业。501 是无线电工程系中的一个专业，77 指的就是 1977 年那一届高考生。

谁都未曾想过，有一天 50177 这个名字会被当成一种现象闻名全国，打响了华南理工大学"工程师摇篮"和"企业家摇篮"的名号，并走出了一大批影响一个时代的中国企业家。其中康佳的陈伟荣、TCL 的李东生，与我一起被称为家电行业当中的"华工三剑客"，也成为那届华南工学院无线电专业的一段佳话。

四年的华园学习，彻底改变了我的人生轨迹，塑造出一个脱胎换骨后全新的我。想起当初，那个从海南大山中走出的青涩穷知青，只身一人站在华工门口时，何曾想过自己的命运会发生如此巨大的变化。

而我们的国家呢？又何尝不是正发生着翻天覆地的变化！

二、在希望的田野上

走出校门时,展现在我面前的是一个正日新月异、快速发展的新时代。

我的耳边回响着流行歌曲《在希望的田野上》。

我们的家乡,在希望的田野上,炊烟在新建的住房上飘荡,小河在美丽的村庄旁流淌。一片冬麦,一片高粱,十里荷塘,十里果香……

毕业后,昔日同窗各奔东西,他们当中有的选择留校当大学老师,有的选择出国深造,也有的人去了政府部门、军工企业。不同于其他人的毕业去向,我因为表现优异被推荐到电子工业部下辖的中国电子技术进出口总公司华南公司工作,公司就在广州。

20世纪80年代初期,中国电子工业部为适应国家对外开放布局,迅速融入世界工业革命发展的主流,成立了中国电子技术进出口公司,专注于电子信息产业的对外贸易。当时主要有北京、上海、广州、深圳四大对外业务板块或四大窗口。

华南公司是四大窗口之一,主要为电子部直属或地方企业引进国外先进的电子技术,以及承接国际产业转移,如欧、美、日等国家以及台港澳等地区民用技术的引进,同时帮助这些蜂拥而至的国外来料加工厂、外资工厂进行所需原材料的进口、产成品的外销。

对于基础薄弱的国内电子制造业来说，地方普遍缺少高科技含量和外向型出口创汇企业，生产力水平较低，科技创新几乎是空白。能早日拿到国外先进技术，就能尽快培育出中国的电子市场经济能力，弥补计划经济时代留下的缺陷及空白，因此众多企业争先恐后引进国外先进的电子技术产品。

通过到国外考察和引进技术，我惊叹于外部世界的变化和技术发展的趋势。虽然国家花费大量外汇购买国外技术，并付出沉重的市场代价，国内却并不能迅速实现引进技术的消化、吸收。

经过一番对国外电子行业的观察和深思熟虑后，我主动打报告给公司领导，申请成立电脑事业部，从对个人电脑的初步普及开始，研究上下游、产品硬件、行业趋势等，给公司创造新的增长点。

报告递上去后，几经周折才得到华南公司领导的同意。电脑事业部成立后，我带领团队干得风风火火，成为中国个人电脑兼容机的重要供应商，当时跟联想、四通齐名。所产生的经济效益在整个华南公司首屈一指，最高时占到公司产值的80%。两年间我的工作职务发生了两次变动，一跃成为公司有史以来最年轻的常务副总经理，享受副厅级待遇。

初试制造业，电脑事业部除了给公司带来极大的效益，为我个人职务晋升赢得机会外，也让我学习和掌握了寻找制造业无处不在的黄金时机，为日后我的下海创业埋下了伏笔。

与外部世界接触得越多、越久，那种强烈的社会责任感和时间紧迫感就越让我感到不安和忧虑。眼看着国外的各项技术突飞猛进，而国内很多地方却大多还在低端制造水平上徘徊，一个念头老是在我的脑子里回响：我们什么时候才能赶上国外的先进制造业呢？中国制造技术的进步不能单纯靠一味地购买和"拿来主义"，外国人不会把最先进的技术卖给我们的，只有通过自主创新，实现自主制造，才能有巨大的空间可供挖掘。

没有民营企业，没有全民的科技创新，仅仅依靠若干体制僵化的国有企业根本赶不上时代的步伐！美国先进的计算机技术让人眼花缭乱，德国制造的精密程度和细致的工艺要求，都凝结着大量私营企业的创新智慧。我们的国家，同样需要大批能够带领中国制造业赶超世界先进制造水平的民营企业家。

与此同时，与广州相隔一百多公里的一个小渔村，正在以举世瞩目的"深圳速度"成为改革开放的窗口。从来料加工开始，它学习到了全世界的现代工业门类，通过对"三来一补"这种企业贸易形式的尝试，了解到全球商业文明的运作模式。

在这片充满生机、活力与希望的田野上，发生着在一定程度上是一场关于中国新时期工业的启蒙运动，也是中国改革开放后经济发展的一个缩影，它更将与我的人生结下不解之缘。

三、我的"香港梦"

20世纪70年代,广东有一百多万年轻人偷渡到香港,广东知青中派驻海南的10个"建设兵团"也曾发生集体偷渡香港事件。

香港是世界自由港,当时人均收入是广东的100倍,即使到20世纪80年代中后期,这种巨大的经济利益依然诱惑着每一个向往更好生活的年轻人。

由于工作的原因,我去香港的次数、机会相对多一些,见识过资本主义的"纸醉金迷",更看到与内地经济的巨大差距,于是我也萌生了前去香港"淘金"的想法,只是顾虑太多,迟迟没有行动。

1988年,国家推行外贸体制的重大改革。一方面,一线的工矿企业开始直接拥有进出口权;另一方面,国有企业面对市场的激烈竞争,显现出了短板和局限。受外贸体制改革的影响,进出口权的下放,使我所在的这类进出口公司在中间做"嫁衣"的作用渐渐变得不再那么重要了。

那一年,我已经32岁,在广州也工作、生活了六年之久,在华南公司常务副总经理的位置也干了有三四年了。与大学同学林卫平结婚也有五年的时间,因为没有房子,结婚时我们就租住在华南公司的一个12平方米的小房间,即使后来我当上公司常务副总经理,工资也只有几百块钱。

我经常要到周边城市出差,去深圳、东莞等一些来料加工企业对接外贸工作。那时还没有修建高速公路，我们经常要走广州107国道，国道上时常堵车，在路上堵几个小时，到晚上八九点钟还在路上是常有的事。

每当夜幕降临，公路两边由欧美、日韩以及我国港台等地转移到广东的加工企业一片灯火通明，无数的工厂在挑灯夜战，赶制订单。这种繁忙的劳动景象深深触动了我，在我内心里折射出中国新兴经济势力蓬勃发展的活力，与仍在计划经济下的国有企业那种萎靡的状态形成鲜明对比。

站在107国道边，一番思索后，我终于下定了下海创业的决心，前去香港追求我的"香港梦"。

1988年4月，当拿着"单程证"的我通过罗湖口岸时，我的眼泪唰地流了下来。这时我回想起自己从海南岛深山中的一个"原始部落"，一步步跨到了香港这个国际大都市，无限感慨油然而生。

在香港，我用筹措来的三万元起家，后来又申请到了日本东芝电视遥控器的代理权，赚取了事业的第一桶金。虽然得以在香港站住脚，却也受困于香港重视地产、金融、贸易产业，而让我这个理工科出身，一心想搞

◆ 1993年4月，创维搬入香港华兰中心（右二黄宏生）

制造业的心愿难以实现。

每当站在霓虹灯闪烁的香港街头，看着行色匆匆的路人擦肩而过时，我的心中就一片零乱。下海后的遭遇，浮华背后的辛酸，就像远处的维多利亚港波涛汹涌，暗流涌动。

没人能预测到自己"下海"后会是个什么样子，是成功，还是失败。创业路上，有太多不确定性，梦想很美好，过程很艰辛，一不小心可能就血本无归，众叛亲离。

每个人在创业初期都带着一种或多或少的冒险或者"赌"的成分，前路漫漫，可能会辉煌，也可能一败涂地。那片促使我产生下海创业冲动的107国道边的璀璨灯火和香港街头闪烁的霓虹灯在我的脑海里交替闪现。

与很多创业失败过的人一样，我的创业也失败过多次，曾经债台高筑、走投无路。我相信机遇总是会留给敢于冒险，敢于尝试的人。我更相信自己对中华民族伟大复兴这一趋势的判断，民营经济的发展一定有未来。

事实证明，我选择的路是对的，冒险有了意义，这一次人生的抉择，我"赌"对了！

四、商海风潮

1991 年,香港发生了一起家电行业瞩目的并购大战。

当时,香港三大彩电企业之一的讯科集团由于经营决策失误,面临破产危机,引发一系列的商海风潮。

香港号称"亚洲录像带大王"的瑞菱集团有意进军电视机行业,于是发动收购战。因为恶意收购,一时间讯科的股价从 0.3 元/股上涨到了 2.5 元/股,让瑞菱集团花了足足 15 亿元才完成对讯科集团的收购。

瑞菱集团是做录像带起家,对电视机的技术并不甚了解,这让他们收购后的发展很不顺利。当时的电视机是由 5000 多个零部件高度集成,还包括一系列嵌入式软件,制造技术难度还是蛮高的。而录像带的生产技术较简单,瑞菱集团的决策者一度误判了电视机整机制造技术的复杂程度。

随后的迷之操作更是让瑞菱集团的电视机之路陷入被动。因为瑞菱公司决策者的留英背景,他们从英国的马可尼公司引进了十几个英国人接管讯科集团的研发。但马可尼公司造的是军工仪器和通信设备,与电视机制造业算是两码事。新聘请的英国人瞧不上讯科集团的原班电视机研发人员,之后发生了极大的人员排挤,导致讯科集团的技术人员纷纷另谋出路。

其实,讯科集团作为日本东芝的代工基地,很好地吸收了日本技术,还有能力开发适合不同国家制式的电视，国际化程度很高。我在做遥控器时就一直与讯科集团的研发团队保持着联系，并时刻关注着讯科集团被收购后的动向。那会我正苦于缺少造电视机的技术人才，面对这样一个千载难逢的机会，真是有些垂涎欲滴。

在了解到讯科被收购的人事变动后，我逐一拜访了讯科的技术研发人员，有意邀请他们加盟创维。可在他们眼中，当时的创维只是一个名不见经传的小公司，况且我当时债台高筑，有些泥菩萨过河——自身都难保，更付不起让他们心动的薪水，所以面对我的诚心邀请他们几乎是无动于衷，没有什么回应。我只能哀叹自身实力过于弱小，不能参与到他们的收购案当中。

那时在国内出现了国企技术人员利用周末到个体经济兼职的现象，这些技术人员被称为"星期六工程师"。于是我提出请讯科集团的这些技术

◆ 1991年10月，参加德国电子展（右一）

人员作为"星期六工程师",利用周末来深圳兼职进行彩电研发。

一番权衡之后,工程师们接受了我的邀请。于是经过近一年的周末往返,讯科集团的工程师们利用业余时间帮我研发出了亚洲领先的第三代集成电路彩电,并在1991年摆到了德国柏林电子展的展台上。

我们研发出的那台电视可算是当时亚洲区域内第一台国际线路的彩电,和欧洲产品相比有极大的价格优势。在我们极力地推销下,引起了很多客户的兴趣,但他们虽然留下了联系方式,可是一直到展会结束,我们都没有签订一个订单。

在从柏林回香港的飞机上我有些沮丧,好在下飞机后我接到了一个电话。一个德国客户表示想进一步和我们洽谈关于合作的问题。在技术和价格双重优势下,我终于拿到了第一笔订单——一个两万台的大订单,真可谓是"山重水复疑无路,柳暗花明又一村"。

虽然还没有创立自己的品牌,可是当时我们已经具备代工生产的足够实力。有了第一笔订单的支撑,银行的贷款随之而来,利用信用额度的滚动支撑,我得以还债翻身,公司也开始了稳步的发展。

讯科的那些工程师们也不再小觑我这个小公司,我趁热打铁顺势鼓励他们辞职加盟创维,并且拿出了自己的"杀手锏",虽然那时公司还不值几个钱,但是我愿意拿出公司15%的干股送给愿意加盟的技术骨干。

在当时,大多数欧美、日韩和中国香港的企业,还是实行英国老牌资本主义的那一套模式,参与企业项目的贡献再大,也只是参与的工程师而已,只能拿一份死工资,无法获得股票期权,无法分享公司盈利。

我送干股的举动赢得了讯科技术人员的心,成为股东显然比打工更有盼头和稳定的发展前景。工程师们也看到了我"有钱一起揾"的诚意,陆续有30多个"星期六工程师"正式加盟创维,成为我们这个毫不起眼的小公司的一员。

有了重新组建的研发团队和技术积累，我们不断地推陈出新，率先开发出了具有自动制式识别功能的新型号彩电。产品制式的普遍适应性让我在全球85个国家和地区建立了稳固可靠的销售网络。订单从2万台到第二批的5万台，营业额从100万元到500万元，到2000万元，1993年时创维的营业额达到了2亿元。

"讯科收购案"的后期，收购讯科的瑞菱集团最终因举债过重、连续亏损等原因宣布破产，收购案算是告一段落。而游离于收购案纷争之外的我，似乎成了那场收购案最大的赢家，在商海风潮中一路向前！

五、创维崛起

创业很像农民起义。农民起义要占地盘、囤积武器和分猪肉;而创业要想办法增收、开发新产品和给伙伴足够的回报。

为了减少成本,我们最初的彩电代工车间放在了长三角的一个乡镇工业园,可是随着我们生意越来越红火,这个乡镇工业园就不断提出加租等不合理要求。因为租赁合同没有到期,他们就采用流氓手段阻碍生产、出库,其间还发生过把我们一个经销商司机打成重伤的情况。这让我们的团队人人自危不敢出门,怕出门会被他们攻击。

打人事件发生后,我才醒悟过来,我这个"理工"出身的人一门心思忙于产品研发、销售和生产,却忘记了维护与当地政府的关系,也忽略了与工业园区内其他企业保持一种良好的互动。

在勉强维持生产了一段时间后,园区给我们下了提前解约的"封厂"通知,要收回创维正在使用的厂房。要收回生产场地,无疑给了我和创业团队当头一棒。这时我们才意识到,原来做实业不只是做产品,还要有一个属于自己事业发展的"家"。

怎么办呢?三十六计走为上计。去哪里呢?在危难的时候,我遇到以前电子工业部的老领导、中国电子器材公司总经理孙秉光,他介绍我认识了中国彩电总公司旗下RGB工厂的丁凯女士。RGB工厂是一个合资企业,航天部下辖康力公司占51%股份，电子部下辖的RGB工厂占49%股份，刚好航天部要撤资，搬到惠州。与RGB沟通后，我决心要把工厂搬到深圳。

但远水解不了近渴。我先是托人疏通与当地园区的关系，缓解企业停摆的危机，安排工厂白天干活晚上搬迁。经过一年多的悄悄行动，我们成功搬走了所有设备。全员要走时园区要扣留我们的资产，好在我们已经全部撤完了。甚至还惊动了当地政府，问我们为什么要搬走？

到了深圳后，特区政府很快解决了创维所有大学生员工的户口，还让企业享受税收优惠，进出口报关的业务也由企业自行对接，不需要再支付额外的服务费（原来乡镇收取的费用是我们所有的进出口额的1.5%）。更为重要的是在深圳市委市政府分管工业的领导协调帮助下，我们解决了生产许可证的大难题，这可是中国第一张民营企业的电视生产许可证！

1992年的时候，我们就拥有了年产20万台彩电的生产基地，不再满足于单纯代工外销，于是决定踏入国内彩电市场。

可内销必须要先有国家相关部门颁发的彩电《生产许可证》。在此之前，并没有国家给民营企业颁发彩电《生产许可证》的先例。我们只能通

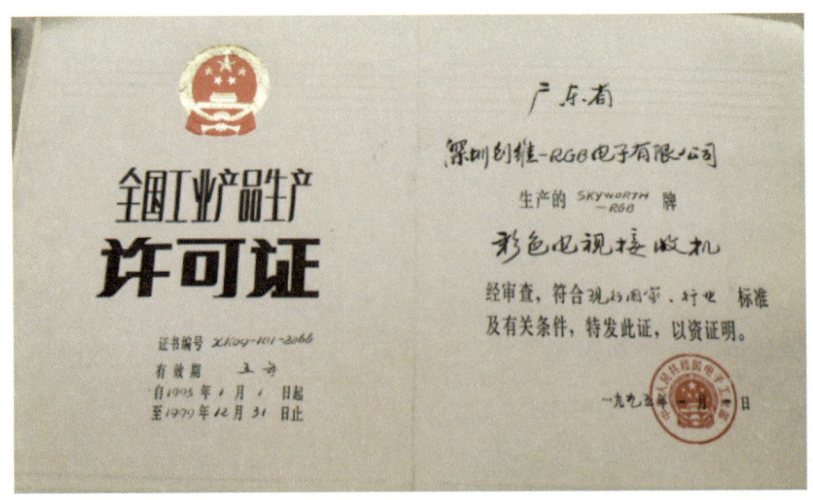

◆创维电视的《全国工业产品生产许可证》

过贴牌国内知名企业来做内销。最初创维合作贴牌的国内公司有很多，如熊猫、黄河、乐华、西湖等品牌。刚开始销量还不错，但随着国内彩电企业对国际线路技术的消化和产品的开发，创维的技术优势在慢慢消失，通过贴牌创造的利润越来越少。

  为了让企业活下去，那段时间我一直在电子部、电子行业和彩电公司之间来回穿梭，不停地寻找合作机会，希望利用在电子行业多年的积累，想办法解决生产许可证的问题。我到黄河、长城、佳木斯、乐华这些公司说明来意，虽然他们想跟创维合资办企业，使用他们的生产许可证，能够实现创维品牌的"曲线救国"，但都遇到了各种各样跨不过去的坎。

  处于东北的佳木斯电视机厂很愿意与创维合作，并允诺可以把厂房送给创维，但是创维的员工大部分是南方人，没人愿意跟我去寒冷的北方工作。与天津的长城、广州的乐华、西安的黄河等洽谈合作时，又遇到国企要求的绝对控股权问题，令我头痛不已。如果创维只能当合资公司的小股东，势必对公司的发展没有什么话语权，这将严重抑制创维的发展活力，是我最不愿看到的。

  尽管无数次碰壁，却没有动摇我执意要创立自己品牌的决心。俗话说"天无绝人之路"，机会还是被我等到了。在我与RGB工厂持续沟通后，双方终于达成了合作协议，我以创维公司的名义向RGB公司注资500万元，又以3亿元买下康力公司所占RGB工厂51%的股份，合资成立了深圳创维—RGB电子有限公司。

  深圳创维—RGB电子有限电子公司成立后，创维的总部搬到了RGB的工厂——深圳福田区八卦岭工业区425栋2单元。这里也是令诸多创维元老们印象深刻，又极易勾起回忆的地方。

  公司合资后，原RGB总经理丁凯女士的加盟对我来说真是如虎添翼。在她的协助和争取下，我们跑政府、跑北京，终于把创维的彩电"准生证"

从家电三剑客到新能源先锋

◆ 1995 年推出第三代彩电新品

办了下来,解决了品牌的销售牌照问题,成为第一家拿到彩电生产许可证的民营企业,令业内竞争对手们惊诧不已。

有了属于自己的生产许可证,创维终于可以用自己的品牌进行销售,这让我感到无比踏实和兴奋,加之有了丁凯女士等人的加入,创维的发展如有神助。深圳特区早期扶持高新技术企业的力度非常大,但主要是对国有企业,对民营企业和合资企业的扶持力度并不明显,但在丁凯的努力下,创维这家当时很是弱小的民营企业也被纳入了政府扶持范围。

1994 年,创维彩电销往全国各地,产量翻了一番,全年销量达到 40 万台,国内市场的销售收入达到了 5.5 亿元,创维终于在国内的彩电行业占得一席之地,在深圳这块福地一步步走向崛起!

六、伟大时代，同频共振

站在深圳湾的高楼上，我时常遥望着对岸香港，依旧是那个熟悉的东方明珠。

回顾之前，那些在香港制造业十分活跃、征战世界的企业家老前辈、老同行，如今他们怎么都不在了呢？

20世纪七八十年代，香港借助于越战后的和平，以及欧美大量的加工订单需求，触发了香港制造业的繁荣，加之可以充分地利用祖国改革开放带来的土地红利和人口红利，使得香港这一"弹丸之地"成为亚洲经济最活跃的地区，成为"亚洲四小龙"之一。

在当时，那些立足香港，征战世界，出口到世界各地（包括祖国内陆）的家电企业竟然有八家之多，红极一时的有康力集团、讯科集团、港华电子、合一集团、星光集团旗下的高力勤电子、长城电子、高路华（香港）电子、陆氏电子。如今这"八大金刚"，除了香港陆氏电子得以幸存外，其他都逐渐淡出了人们的视线。而陆氏电子2019年的销售收入也只有1000多万元，与其辉煌时的每年两百多亿元早已不可同日而语。

为什么日本的制造业会有"百年老店"，而我国香港制造业却与百年的生命周期无缘呢？他们的业绩本来不错，都曾在香港的资本市场上叱咤风云。一番深思熟虑之后，我总结出了他们衰败的两个因素：外部的原因

◆ 2000年4月，创维在香港联合交易所主板上市（中间黄宏生）

是经济全球化带来的家电业竞争加剧，惨烈的优胜劣汰让全球的电视机厂存活率低于10%。而真正的内部原因是，这些红极一时的企业没有看懂中华民族伟大复兴的趋势。其实祖国就在身边，这里有取之不尽的资源和能量，是他们抵御风雨的屏障。

很可惜，他们没有抓住祖国这百年一遇的重大机遇，没有链接祖国市场的人才和供应链资源，而是眼睛朝外，自认为在世界经济大潮中"天高任鸟飞，海阔凭鱼跃""世界之大，我无所不能"，过于迷信自身能力。

事实上，内地经济产业复兴所带来的巨大工业红利，是以超出想象的规模，在世界浪潮中腾飞，实现高速增长。这些看不懂趋势的企业，只凭单薄的自身力量，毫无依托，如孤海行舟，自然会被经济大潮无情地吞噬。

我暗自庆幸自己早早回到内地，让创维落足深圳这块创业的风水宝地，让它在这种全球化大风大浪中得以生存、发展。尤其让我终生难忘的是 1993 年，深圳市政府相关部门，全力推动创维向国家申报电视机生产许可证。如果没有这个"许可证"，创维也许只能沦落为一个低级的加工厂，最终消失在行业内。

1999 年 10 月 1 日，正值中华人民共和国成立五十周年大庆。我作为深圳特区企业家代表被邀请登上了天安门观礼台，在金水桥边近距离地目睹了中国人民解放军陆海空三军方队和群众游行队伍走过庄严的观礼台。

在激昂的音乐声中，短短的四个小时，我心潮澎湃不能自抑，时而热泪盈眶，时而欢欣鼓舞。亲眼看到祖国的伟大复兴，经历祖国由大国迈向强国的奋斗阶段，我作为一名民营企业家，能与大型央企代表一起出席这种隆重的庆典，是国家对民营企业的认同、重视和期待。

◆ 1999 年 10 月 1 日，作为杰出企业家代表参加国庆 50 周年庆祝活动

想起 20 年多前，自己还是一个一无所有的下乡知青，吃不饱穿不暖，国家改革开放后，让奋斗者能够充分发挥自己的力量，成为制造业中的重要一分子，相比大部分人来说自己又是幸运的。

家电制造业的风险之大远超九死一生，甚至只有 2%～3% 的存活率，这也是为什么全球的电视机厂从 20 世纪八九十年代的 1000 多家，到现在还剩不到 100 家，中国的 300 家只剩下 6 家左右。

对我来说，千禧年过后的头十年，可谓喜忧参半。喜的是创维迈上了 200 亿元（税前）这个台阶，真正实现了中国彩电市场的第一；忧的是我因"11·30 事件"的影响失去三年多的自由，也错过了中国经济腾飞和人生宝贵的三年时间。

2004 年，我跟一帮同事前往香港出席中期业绩发布会，突然被香港有关部门扣留，即所谓震惊海内外的"创维 11·30 事件"，引发业界极大关注和纷争。特区市委、市政府专门派小组前去看望我，告诉我，个人与公司要进行切割，政府关注的是创维几万人的就业和全球家电供应链的稳定，政府会协助创维渡过难关，协调银行等单位不"断水""断电"，确保企业正常运营，并鼓励创维团队成员能够在非常时期勇挑重担，发挥中流砥柱的作用。

正是在特区政府的高度关注和支持下，创维在面对这一重大危机时，得以从恐惧中迅速走出来，积极主动应对，得以逃过鬼门关。否则，在危机面前，"群龙无首"的创维早就垮掉了。

企业是渺小的，创业者如沧海一粟，如果不能与时代同频共振，要想有所作为是不可能的，更不可能登上我人生的第一座物质大山。

第三章　山河巨变

七、追寻"中国梦"

20世纪80年代末,我到美国芝加哥参加电子展览,走访了一家当地经营中国家电的门店老板。

我问他,"你这可是在美国的黑人区啊,到处脏、乱、差,不担心黑人抢劫和枪支的危险吗?"

他回答:"我是个越南难民,两年前,度过漫长的难民营生活来到了美国。我原来在越南也做电器,现在算是从事老本行。选择在这个地方为黑人服务,是因为他们买不起通用的昂贵电器,只能买亚洲制造的廉价电器,包括中国的。"

"他们对我很认可,也很尊重,给我介绍客户,我这里已经成为芝加哥最旺的电器门店了。这两年虽然辛苦些,可我已经挣下了百万美元的财富了。"

"美国确实伟大,让我一个难民在两年的时间实现了'美国梦'。"

那个越南人的最后一句话给我留下了终生难忘的印象。

"美国梦"是什么呢?是一种让人相信在那里通过奋斗便能获得更好生活的理想。它激励着无数怀揣梦想的年轻人去创造自己的价值,成就自己的梦想。

1990年,我来到深圳华强北路,在一家电子工业部直属招待所——迪富宾馆二楼的杂物间挤出了一间小小的办公室,和我早期的创业伙伴胡秋生、马新乔等做起了遥控器的产业化。短短两年时间,我们成为中国最大的电视机遥控器厂家,后来进军彩电业。

1997年,香港回归祖国,我心里唱着"我的中国心",那一刻一个关于"中国梦"的雏形在我心中悄然形成。那一年,创维顺应时代发展潮流,从默默无闻,名不见经传的小厂,成长为中国彩电四大品牌之一。

与香港一江之隔的深圳,在改革开放的春风吹拂下,迅速成为改革开放的前沿阵地和特区城市。历经数十年的发展,它培育出了一大批世界级企业和隐形的产业世界冠军,他们当中有从事高新技术产业的华为、腾讯、迈瑞、大疆等,也有搞房地产的万科,还有从事家电制造业的创维……

在深圳这座创造奇迹、诞生奇迹的特区城市,我做梦都没想到创维会发展到今天的规模,能够迈出国门,走向世界。

◆ 2003年参加全国政协会议

从华强北路的诞生地出发，创维陆续收购了印尼东芝 TJP 工厂、南非厦华工厂、德国电视机制造商美兹（Metz）、欧洲 Strong 集团等企业，并在印度拓建了彩电生产基地，在英国伦敦建立机顶盒研发中心，在奥地利设立欧洲运营总部。

在白电方面，创维则另辟蹊径以智慧家电为突破，形成强强联合的战略联盟，成为家电领军企业之一。创维以国际视野拓展业务，彩电、数字机顶盒等产品远销欧盟、美国、日本、俄罗斯以及东南亚、南美、中东等地区，逐步形成国际化经营模式，营销、服务分支机构遍布全球，服务于全球 60 亿人对创新家电的追求。

发展到今天，创维旗下已拥有创维集团和创维数字两家上市公司，已经发展成为一家从事数字电视与智能大屏、家用电器、智能系统技术与大数据等业务的智能家电与信息技术企业。所生产的电视机位居世界第五，机顶盒等家庭网络终端持续多年位列全球第一，年营收超过 500 亿元。

2010 年，在"产业报国"的路上，我决定进军新能源汽车产业，新能源汽车将成为我在中国产业发展中的又一个"营地"。

两年之后的中共十八大会议上，习近平总书记把"中国梦"定义为"实现中华民族伟大复兴，就是中华民族近代以来最伟大梦想"，"中国梦"的核心目标概括为"两个一百年"的奋斗目标，中国人拥有了一个共同的梦想。

与国家的梦想契合、相向，让创维以无比的实力和底气走向世界。感受"中国梦"的意义，是召唤 14 亿中国人向前奋斗的动力，也是呼唤无数创业者投身科技与制造业大潮，共同见证国家崛起的伟大实践！

小结

在变革的中国，经过初期的野蛮生长，涌现出了无数勇于"自我革命"的草莽英雄，很有幸，我能够成为他们中的一员，并找到自己擅长，同时又有意义的事情之后，让自己焕发活力并成为一个力量无穷的人。

改革开放四十多年，中国经济发展呈现出前所未有的繁荣景象，每个中国人都能够在这个伟大时代实现心灵自由，看准某个行业或领域，都可以去实现自己的抱负，在艰难创业中做大、做强。属于中国人的梦想就像喜马拉雅山脉的造山运动，一点点超越我们原本要仰视的大山，带给我们无限期待。

从执意追求的香港创业梦到探寻民族复兴的"中国梦"，我圆了造彩电的梦想，攀登上物质的大山，实现个人的财务自由。而今我又借第四次工业革命的快车，在实现"中国梦"的创业之路上越走越远。

在山河巨变的伟大时代面前，做一个心怀梦想和追逐梦想的人，除了鲜花、掌声和个人账户中的数字跳跃，我们还向世人证明自己的价值、担当，以及投身实业、报效国家的赤子情怀和使命……

第四章
创业人生

1988年,这是一个非常重要的年份,距离十一届三中全会的召开已经有十年之久,改革开放的逐步深入,让中国的计划经济正一点点转向全球化的市场经济,"允许私营经济"首次出现在宪法中[1],中国正酝酿一场前所未有的经济浪潮。

---

[1]《中华人民共和国宪法(修正案1988年)》第一条宪法第十一条增加规定:"国家允许私营经济在法律规定的范围内存在和发展。私营经济是社会主义公有制经济的补充。国家保护私营经济的合法权利和利益,对私营经济实行引导、监督和管理。"

作为改革开放的前沿,广东受影响最大,主要表现为三大亮点:

(1)大量欧美日企业以及我国港资、台资企业看到大陆的人口红利,纷纷将中低端制造业迁入广东,进出口业务繁忙。从广东到深圳的 107 国道两侧,华灯初上,沿途灯火辉煌,工厂加班加点赶制订单,向世界提供物美价廉的商品,让人心情澎湃,日益加剧人们对这一趋势的向往。

(2)整个广东个体经济从零到无数,涌现出各种各样的地摊饮食、零售商、服务业,每个人都有创业的自由,个个跑步前进,即使天气炎热,心情也是欢畅愉悦的。人人都不愿错过这创业的机会、获得财富的机会、实现光脚丫穿鞋的机会。

(3)外贸体制的重大改革,让原有的外贸企业不再享有独家进出口权,直接下放到一线的工矿企业,让企业拥有了直接对海外进出口的权利。

在这种改革的浪潮巨大冲击下,我决定下海了!

一、东方之珠的逆境

20世纪五六十年代香港制造业的兴起,其所带来的人才、资金集聚效应,让香港的地产业、金融业、零售物流及国际贸易获得前所未有的发展,一跃成为世界第四大金融中心,并成为全球最繁忙的国际集装箱港口之一。

维多利亚港的灯火彻夜不熄,香港著名影星汪明荃见证了香港因港兴城的时代变迁,并生出"万水千山总是情"的感慨,她所出演的电视剧《东方之珠》,讲述的就是香港20世纪60年代的普通香港人的励志故事,曲折人生的成就。

在传奇的人物身上,折射的就是一千多万香港人在"东方之珠"——香港,实现人生梦想的高光时刻。1988年我下海移居香港时,也想有一番大的作为。在经历一段时间的磕磕绊绊后,我才发现一切都不是自己原来想的那样,理工男的身份让我在这座以金融、贸易为主要产业的城市里发展并不顺利。

当时,香港是中国转口贸易的窗口,整个内地电子行业的零部件大部分都是经过香港进入内地,然后经内地加工后的产成品再从香港流向世界各地。初次下海,我还是有些自负的,觉得凭着自己在中电华南公司做了六年的贸易经验,以及当了几年国家干部,在香港做贸易挣点小钱还不是很轻松的事!

可是在香港这个快节奏、高效率的地方,依靠个人的单打独斗和过往的一些经验,我却是四处碰壁,不再顺风顺水。卖到国内的进口零件回款困难,加之三角债严重,很快就把我那点可怜的积蓄都亏光了,对于我来讲,"东方之珠"没有带给我梦想的高光,而是令我感觉到人生的至暗时刻。

之前虽早有创业失利的心理准备,可真正面对挫折时,内心还是出现了焦虑、恐慌、忐忑,这些负面情绪时刻萦绕在我心头,让我寝食难安,生活作息很不规律。有时候遇上点急事,常常顾不上吃饭、睡觉,更谈不上安排运动了。

整日在这样一种焦虑的状态下忙忙碌碌,透支了我的健康。我时常感冒、咳嗽,时不时发低烧,肠胃出现腹泻、消化功能紊乱等毛病。起初我以为这些可能是我儿时在南渡江畔生活落下的病灶,可之后一次严重的传染性伤寒让我认真反思起自己的健康状况来。

那次传染性伤寒很严重,让我上吐下泻、高烧不退,类似于我们现在常说的禽流感病毒的感染症状,好在香港医疗条件不错,在隔离治疗两个月后我得以康复。在治疗期间,医生们告诉我,我感染的是一种极罕见的伤寒病毒,应该在我的体内潜伏了很久,我后来回想可能与之前的一次湖南之行有关。

那个时候,为了推销电子芯片,我和团队要在全国各地跑来跑去。有一次我们到湖南郴州的一家企业出差,步行路过一个露天的牲畜屠宰市场,现场的卫生条件很差,地面污水横流,臭气熏天,走过去后,满脚都是被宰杀动物的粪便、血污。

我问医生,为什么跟我一起的其他人什么事都没有呢?医生告诫我,长期无规律的生活让身体已经处于一种"亚健康"状态,我的免疫力极低,

◆ 1990年，作者到日本夏普总部参观（前排左一）

很容易患病，这时病毒自然就会在我身上暴发了。

身体不好时，人的精气神就格外差，对任何事情都失去了兴趣。一段时间里，我跟林卫平商议，假如创业失败，我是没脸回广州了，我就去鸭寮街卖电子，让她去油麻地卖衣服。躺在病床上，我翻来覆去地想创业的事，想到最后，觉得未来一片惨淡，让人悲观。

先前在香港称兄道弟的朋友，在我下海后连个人影都找不到了。在香港这个资本主义社会，讲究利益至上，对于我这个满脑子还充斥着共产主义、世界大同的"下海"干部来说，实在是低估了商海的残酷、无情。

好在林卫平了解我的性格，就用孙中山推翻清皇朝的例子来安慰我："你当初下海也不是没考虑到这一步，失败了再爬起来做嘛，有什么大不了的，看把你愁成那个样子。孙中山搞革命不也是屡败屡战，最终也有成功的那一天啊……"

人经历一些坎坷有时难以避免,在逆境中能够让人更清醒地认清现实。借这次在香港生病住院的机会,我从头到尾复盘了下海后的经历,重新寻找创业的奋斗方向,不再自负和心存幻想,做到心态归零,全身心投入创业中去。

二、第一桶金

一场大病后,我痛定思痛,决定从香港返回内地创业。

生意场上的水土不服,以及身体在香港那样强大的竞争压力下所出现的焦虑、不适,迫使我来到深圳。

之所以选择深圳,一则有我熟悉的生活环境,在广州读书、工作和生活多年,同学、朋友,以及之前的同事大都在广州或深圳。二则我对电子行业的发展了如指掌,熟悉当地的产业环境和市场环境。三则在香港,像我那种做贸易的小公司进不了主流渠道,只能另起炉灶干点自己擅长的事。

此外,我总结出了搞贸易不成功的关键原因,是我没有发挥出理工科的技术优势,没找准社会的痛点,以致随大流去做了商贸,最终在生意场上吃亏也就在情理之中了。

于是我来到深圳的华强北路,想找一点发财的机会。那个时候的华强北路素有"北有中关村,南有华强北"的说法,集中了全中国的大中型电子企业,特别是由计划经济转向市场经济的央企、研究所,都会到华路北路来寻找一些核心的零部件。

一次偶然的机会,我去东北出差,晚上入住招待所。躺在被窝里看电视时想换台,因为电视不是遥控的,换台要从被窝里爬出来,如此折腾几次竟然感冒了。当时我就在想，如果能给电视配上遥控器就方便多了，这个想法一经产生便在我的心头难以挥去。

不久后，我到机场接一个从日本回来的朋友，朋友带了一台21寸的日立遥控彩色电视机，那是日本生产的第一批遥控彩色电视机。当时世界其他国家的主流已经是彩色电视了，但在国内，连黑白电视都是新鲜之物。围观遥控彩电的人是里三层外三层，纷纷赞叹日本彩电的先进，唯独我盯上了那个电视遥控器。

自创业以来，我一直在思考，与其做贸易四处奔波，不如踏踏实实地做制造业稳当些，从解决一项社会痛点的需求上寻找突破。而能遥控电视的遥控器不正是这样一个社会痛点吗？以我的判断，中国国产电视一定会成为遥控电视的天下。

1990年，我在华强北路租了一家招待所二楼的杂物间作为办公室，同时联系上了自己的大学同学胡秋生（原陆氏电子的技术核心）、马兴乔（华

◆ 1990年1月，参观美国拉斯维加斯电子展

强电子的供应链专家）、张三水（制造生产厂长）。因为三人都比较了解我的为人和经历，一声招呼就过来了，并且撸起袖子说干就干了起来。

在那间小小的办公室里，我们用布帘隔出了一个小小的遥控器研究室，几个人基本吃住都在那里。因为与大学所学的无线电专业对口，我们很快就摸透了遥控器的原理和线路分布，自己设计图纸，然后委托加工厂试着做了几个模型样板，经过数次试验后，竟然成功了。

之后，我利用个人关系以及香港作为金融中心便利的融资条件，在一家银行申请到了 200 万美元的贷款作为流动资金，自此踏上了我的制造业之路。我们几个创业伙伴，做了简单的分工，胡秋生负责管理工厂，马兴乔负责跑客户，我则负责联系代工生产遥控器的企业，并跑到全国各地的电视机生产厂家拓展遥控器业务。

由于我们设计的电视机遥控系统很实用，能够配对国内多数品牌的电视机，一经面世就大受欢迎，像熊猫、长城、黄河、乐华、金雀、佳木斯等电视品牌都成了我们的大客户，厂家人员纷纷排队到我们那间狭小的杂物间订购创维的产品，以便将自家电视改造成遥控电视。

之后，国产电视机的发展趋势果然如我判断的那样，遥控电视机在彩电市场上热卖，而且需求越来越大，一时间竟供不应求。

时至今日，我都不否认当初下海创业时心里也虚得很，更没想到会将创维办成世界级企业。那时想法很简单，先赚钱养家，能比原来国有企业的工资高一点就好，由于目标比较务实，企业就慢慢地干起来了。

因为占得下手早的先机，制造电视遥控器帮助我渡过创业以来最大的一次生存危机，并反败为胜。短短两年时间，创维成为了全国最大的遥控器生产厂，让我挖掘到了创业以来的"第一桶金"，也品尝到了聚焦社会痛点投身制造业带来的快乐。

三、背水一战

2020年,从深圳飞往南京的客机上,我偶然遇到了一位曾在创业初期入职创维的故人。

一番交谈之后,我才想起三十年前在华强北路,随着创维电视遥控器的业务增加,公司除了我们原来的几个"臭皮匠",又陆续招来几名男性工程师和一名美女文员。随着小姑娘的到来,狭小的办公室顿时活泛了起来,男工程师们都磨磨蹭蹭不愿下班,真是验证了"男女搭配干活不累"的道理。

只是那位美女在创维的时间并不长,不久后就去了国外读书。虽长期旅居海外,但她依然关注着国内的变化,并感叹创维从当初那么小的杂物间起步,发展到今天真是一种奇迹。其实,她所了解的创维并不全面,因为在她离职不久,我们就遭遇了"丽音解码器"的惨败,加之我硬着头皮造电视,也差点搞砸了。

制造电视遥控器的门槛太低,在逐渐成为生产电视机的标配后,找我们采购遥控器的电视机厂家越来越少,遥控器的利润也从最开始的两三百元一个慢慢变得无利可图。在生存的本能驱使下,我不得不开始寻找新的增长点,在企业转型升级的道路上,走过一段弯路后,我决定还是沿着电视机这条主线思考市场上的痛点。

20世纪八九十年代,香港娱乐圈在整个亚洲范围内的影响力都很大。随着改革开放涌入广东的数百万外省人,都想收看香港的电视节目,无论是影视剧、歌曲,还是各类综艺节目,以及无线电视每年都要举办的"香港小姐"选举,那衣着清凉的大长腿都让人大开眼界,眼花缭乱。虽然很多内地人不懂粤语,但他们都特别想通过香港的电视频道来了解外部世界,这在整个华南地区都拥有巨大的市场潜力。

想法固然很好,但是想要让内地能够收看到香港的电视节目,有一个难题需要解决。我国内地采用的是 PAL/D、K制,香港采用 PAL/I制。内地和香港虽然彩电制式一样,但由于黑白制式不一样,所以不能完全兼容接收,用内地电视机看香港电视台节目,伴音是噪声,图像也有一些干扰,像调谐不准的样子。

为了解决收看香港电视节目的痛点,我从北京的高校招聘来一批彩电技术人员,引进了日本的四片机技术,建立了一个50多人的电视研究所,进行彩电的研发。

◆ 1998年1月,创维早期产品展示

仓促组建的"草台班子"因没有什么技术积累，引进的技术又是人家淘汰下来的，开发出来的产品无论是画质、音质，还是功能、造型，活脱脱一粗制滥造的"山寨货"。成本上也没有任何优势可言，去参加电视展销会，竟自始至终无人问津。

电视机毕竟还是有一定的技术门槛，当时的电视信号主要来自电视塔，一旦有高楼阻挡，家里的电视就一阵一阵的雪花。假如是在远离电视塔的农村，电视机信号就非常微弱，所以电视机设计的高频灵敏度就非常重要，这也正是当时创维彩电所缺少的。

这种不利的局面，一直持续到我拿到了一款飞利浦型号为 TPA4500 的超大规模的集成电路，并借助"星期六工程师"的讯科集团技术人员研发出了当时世界领先的第三代集成电路彩电才得以扭转。

那种集成电路和市面上当时主流的四片机、五片机完全不同。四片机和五片机线路复杂，信号干扰非常严重；而集成电路却能解决因信号弱导致电视节目不清晰的问题。这项新的技术一旦在电视机上得以应用，势必在亚洲电视机制造业掀起一阵新的风暴。

经过了近一年的努力，原讯科集团的"星期六工程师"终于研发出了当时亚洲最先进的第三代集成电路彩电。这是一款采用国际线路（Muti system）、多制式和世界接轨的彩色电视机，而在当时中国境内大都是采用单制式彩电。这一款国际线路彩电具有高频灵敏度的特点，可以很好地解决电视机信号干扰或者农村电视塔信号微弱的问题。这不仅比国内任何一家复制日本技术的彩电都先进，其工业设计也是自主设计，形成了创维独特的产品优势，在亚洲，乃至世界都是领先的。

当 1992 年我在德国的展览会上接到 2 万台彩电的订单后，创维便在彩电行业展开了腾飞的翅膀，在还没有厂房和像样生产线的情况下，就赚回了 3000 万美元的外汇。

后来很多人问我，当时凭什么就认为自己造彩电能成功呢？其实我自己心中也没有底，我只是凭着在电子部开拓的眼界，以及自己的商业直觉预见到中国的彩电制造业即将迎来井喷式发展。

我知道如果自己当时不能参与到那个产业浪潮中，就将错失自身创业发展的一个良机，这是我最不愿意看到的，所以我宁肯"背水一战"，进行长征：进入彩电大产业！

四、创维情　中国心

科技飞速发展的时代,企业的舒服日子不会太长,除非你的产品能够及时跟上技术的不断迭代、升级。

1993 年,创维获得彩电"生产许可证"后涉足国内彩电市场,主打自己的品牌进行销售,开始了真正意义上的品牌营销之路。

在这之前,虽然我们利用国际线路这一技术优势在国外市场打开了局面,但是在国内市场上创维仍然是一个名不见经传的三线品牌,尤其是离开了广东,创维彩电能够接收香港电视节目的技术优势就不再那么明显,大城市的百货商场甚至拒绝我们的彩电入场售卖。

不得已,我们采取了"农村包围城市"的迂回战略。对标日本品牌东芝"火箭炮"研制了"霹雳神"系列重低音彩电。产品一经投入市场深受农村消费者的喜爱,并拉动创维大尺寸彩电的热销,在 1994 年创维彩电的销量也一度达到 40 万台,国内市场销售收入达到了 5.5 亿元。

但是彩电的主力市场在城市,短期的战略迂回以及对海外的贴牌生产并不能让创维彩电在销量上拥有更多的上升空间。随着时间的推移,中国彩电行业的竞争渐趋白热化,为争夺国内市场,国外的索尼、东芝、松下、三洋、飞利浦、三星、LG、惠普等洋品牌加大在中国彩电市场上的攻城略地,挤压国内彩电品牌的生存空间,很多国外大牌在深圳设立 ODM 代工厂。

而国内的 300 多个彩电品牌，包括当时著名的四川长虹牌、北京牡丹牌、南京熊猫牌、上海金星牌、西安黄河牌、天津北京牌、天津长城牌等传统老品牌，与这些洋品牌相比并没有多少技术优势。

我们这些伴随着改革开放成长起来的企业家，或多或少都会背负一些时代探路者的使命，除了维护自身生存和企业利益，还会站在这个国家的历史纬度，去看待所处的时代，以此决定会以何种形式寻求事业的突破。

在洋品牌环伺和国内品牌围追堵截的形势之下，创维空有好的产品性能，却因自身实力的弱小被消费者忽视，不禁让我忧心忡忡、彻夜难眠。如何让更多中国人了解到创维彩电的卓越性能？在中国制造业崛起的时代，我又该如何去全心全意为振兴民族品牌做点事呢？

1996 年香港回归在即，全国上下都沉浸在一种喜迎回归的热闹氛围之中。我平时多往返于香港的住所与深圳福田区八卦岭工业区的创维总部之间，看着公路两边渐多的五星红旗，内心不免有些小激动。

下海创业近十年，人生小有成就，眼见着祖国日新月异地变化，我暗自庆幸自己赶上了这伟大时代。一首《我的中国心》不禁随口哼起，忽然我的脑子灵光一现，我的爱国情怀不也正是亿万中国人对祖国真挚的爱国之情吗？

于是我找到了《我的中国心》这首歌的原唱张明敏先生，将创维所要传达的民族品牌、产业报国的理念告诉了他，并向他发出邀请，希望能将创维与他所演唱的《我的中国心》结合在一起，拍一个广告宣传片。

祖籍福建的张明敏是名香港的爱国歌手，在听明白我的来意后，欣然接受了我们的邀请，答应成为创维彩电的代言人，并在宣传片中献上了他一生最拿手的王牌歌《我的中国心》。

宣传片的开头，张明敏在维多利亚港的霓虹灯光中，穿着一身西装，

◆ 1996年，张明敏代言创维彩电

深情演唱"洋装虽然穿在身，我心依然是中国心……"

接着镜头一转，他站在了天安门广场上穿着一身中式长衣，披着红色的围巾，边走边唱"长江长城，黄山黄河……我的中国心"。

结尾的时候镜头上扬到天安门高高飘扬的五星红旗，画外音"创维情，中国心"最后点睛！

当这段15秒的创维宣传片在央视播出后，一时间响彻神州大地，传遍大街小巷。结合时代的大事件——香港回归，宣传片的播放勾起消费者的爱国情怀，并激发了他们购买创维产品的强烈意愿，他们纷纷拿着海报涌到商场购买创维彩电。

在此情形之下，各大商场迅速调整对创维彩电的态度，由原先的拒绝变成热列地欢迎入驻，农村市场经销商更是排着长队申请做代理。

一年时间，创维彩电名扬天下，从300多家国产品牌中脱颖而出，开始进入国内电视前四强。

取得广告宣传效果的同时，宣传片中所透出的爱国情怀更是引发了一定的社会效应，感动和吸引了各种人才前来加盟，他们放弃原来优越的待遇纷纷加入创维集团。满怀一腔热血前来应聘的应届大学生也是络绎不绝，在面临毕业选择时首选创维。正是有了各种人才的加入，创维得以快速强大起来。

"创维情，中国心"的深情表达，让创维与中国广大老百姓进行了一场触及心灵的链接，获得了消费者巨大的共鸣和认同。也让我明白了，当你全心全意用心利他的时候，就一定能够感动上帝，得到上帝的认可。

心，是世间一切的根源，也是创业者的神器！

五、人才大考

"堡垒最容易从内部被攻破。"

——列宁

一个组织的内部人才不稳定,尤其是关键人物成为对手,这是很危险的!

2000年初,创维成功在香港主板上市,短短十年时间,奠定了全国著名的四大品牌之一的地位。创维公司的人才也成为行业里面的抢手货,不断有人被挖走,在这种形势之下,也就有了"陆强华事件"。

"陆强华事件"的发生,不管从个人恩怨,还是企业管理角度,都有其发生的偶然性和必然性。创维的成长轨迹浓缩了改革开放以来诸多民营企业的奋斗历程,我们所踩过的"雷",其实也是其他创业者大都经历过的磨难。

"陆强华事件"所带来的,除了表面上的老板与职业经理人的纷争,更深层面的是经济发展进入新时代后企业内部矛盾激化的一种表现,也是时代背景下民营企业转型升级的关键点。

我与陆强华本无个人恩怨,虽之前各自都在行业中有一些影响力,但他是另外一家企业的职业经理人,而我是创维的老板,先前交集并不多,两者相安无事，最后闹到双方撕破脸，两败俱伤，是我没想到也是极不愿看到的。

陆强华在加盟创维之前，是上海广电集团副总经理兼销售总经理，负责凯哥、飞跃、金星三个电视品牌的销售。经朋友推荐，我与陆强华接触后，认为他是个难得的人才，为此两次飞去上海，诚心邀请他加盟创维。在我的极力邀请下，1996 年 8 月，陆强华走马上任创维集团中国区域营销总经理。

陆强华加盟创维后，通过其团队的努力，加之创维的品牌效应，创维销售从华南地区扩展到全国布局，在全国各地组建了营销网络，建立起了新的营销体系，用"担保制度"在全国打开了销售市场。

在陆强华掌舵创维营销的那几年，创维销售额从 1996 年的 7.8 亿元上升到 1999 年的 43.3 亿元，成为彩电行业中难得的逆势高速增长的企业。

只是随着时间的推移，一切都在悄然发生着变化，包括陆强华建立的营销模式，弊端逐渐显现。特别是 2000 年上半年，在中国彩电如火如荼的"价格战"中，创维连续半年销售负增长。

"价格战"的发起，本意是行业元老长虹想灭掉行业新贵"东南三虎"——创维、TCL、康佳。在如此严峻的形势下，TCL 率先通过扁平化营销体系在价格战中风生水起，既降低了渠道成本，又反向倒逼自身产品的研发、生产。为此我多次督促陆强华尽快调整原有思路，转向这种能够快速响应消费者的营销模式。

没想到陆强华拒绝改变，相较于 TCL 的扁平化营销，他更喜欢自己原来那套集权式的市场运作手段。在数次沟通无果后，我对营销公司的人事进行了调整，将他调到创维彩电中国区担任总经理，由杨东文接替他为营销总经理，并进行营销组织的再造。

这次调整，触怒了陆强华，并一步一步让双方再难回到原来相安无事

◆创维早期领导团队合影

的状态，虽然我数次去上海与他沟通，无奈他的性格过于固执，没有达成预期效果。加上此时的广东江门市东菱集团高璐华老总找到了陆强华，苦口婆心劝他离开创维，加盟高璐华，局面就更难挽回了。

中国的传统观念讲究"疑人不用，用人不疑"，以维持一种和谐的雇佣关系。与西方社会长达一百多年成熟的职业经理人制度相比，职业经理人在中国的发展起步较晚，没有及时建立对职业经理人的道德操守约束，加上市场经济里面的大量诱惑，有时就会导致职业经理人对企业利益的反噬。

经过一段时间的角力，陆强华最终离职，到高璐华做营销总经理，并带走150名销售骨干投奔高璐华，喊出要"两年内超越创维"的口号。

离职之前，陆强华利用媒体力量大打悲情牌，将家丑外扬，想利用舆论的力量打击创维，争夺他的利益。他在创维内部还发布了一封4000字的《致销售网络员工的公开信》，引发了创维营销系统的内部分裂。

民营企业相比国企的一个最大的区别，是基础的不牢固，队伍说散就散了。不管是江湖义气，还是山头主义，很难有共同的价值观、信仰，就像一盘散沙，一旦有极具煽动性的人物出现，就会发生严重的人员流失。

一时间的人员流失，销售网络断层的巨大压力让我有些喘不上气来。企业资金链濒临断裂，彩色显像管原料不足无法开工，技术不够强大，市场渠道大部分被挖走，媒体舆论还一边倒地指责我这个"民营资本家"的无情。

对我来说，创业以来从没有想过凶险会从企业内部冒出来，发生整个营销队伍的"叛逃"，这一度让我心灰意冷。回想自己当年做副厅级干部时多好啊，没有这种毁灭性的压力，现在企业这样了还怎么干呢？

在无数个失眠的黑夜中，我不断想起红军长征所遭遇的挫折，在外部有国民党军队的围追堵截、内部有张国焘的分裂情况下，毛主席带领着中央红军毅然北上，取得长征的胜利。

"天要下雨，娘要嫁人"，对创业者来说，一般都会经历这种由合作伙伴到竞争对手的裂变，有时你会无法选择，只能去迎接挑战。

"陆强华事件"所带来的考验，最终有惊无险地度过去了，为此我专门去北京邀请专家对创维的企业管理把脉，展开了一个研讨会进行战略重构，回归原点。从本次重大危机中走出来，促使创维踏上新的长征路——再造创维，也促使我转变原有的强势作风，不再依靠单纯的个人英雄主义，而是形成合伙人制，骨干人员大面积拥有股份，用共同利益、期权建立共同的创业理念。

此外，大量引进"985""211"等院校毕业生，进行学习、培训，将认同、共赢、爱人的理念积极传递给消费者。通过壮大组织，打破局限，此后创维的营销改革、产品研发发生了脱胎换骨的变化，焕发出新的生机与活力。

六、蒙难（上）

当你远远凝视深渊时，深渊也在凝视你。

——尼采

经过技术创新和企业生命再造后，创维从四年前的动荡中缓过劲来，呈现出一片蒸蒸日上、热火朝天的景象，连同我本人也得以从事业低谷中重新振作，成为业内"打不死的小强"，算是因祸得福成了业内的风云人物。

离我 48 岁本命年结束还有一个月的时候，一场突如其来的变故，却将我再次打入人生谷底，并且大有置我于万劫不复之地的势头。

2004 年 11 月 30 日，我跟往常一样来往于深圳和香港之间。当天上午创维经营团队悉数到达香港，我们在位于鲗鱼涌华兰中心 16 楼的创维数码香港总部，准备召开董事局会议。

会议进行了一半，就有大批香港廉政公署的人涌了进来，旋即要求我和公司的几名高管、职员跟着他们走。这就是后来被外界炒得沸沸扬扬的"11·30 事件"，因为当时我在业界的虚名和地位，迅速演化成一场震惊外界的大事件。

外人震惊于像我这样拥有亿万身家和如此社会地位（那时我已当选第

十届全国政协委员）的人会从高处跌落，成为他们茶余饭后的笑谈。与我熟悉的人，包括创维员工则震惊于我这个老板被抓起来了，企业接下来该怎么办呢？我则震惊于这场飞来横祸，是被什么"敌对势力"射来的暗箭击中了呢？

从 2004 年 12 月 2 日我被保释，一直到 2006 年 7 月 13 日香港区域法院作出我入狱的裁定，我一直在总结和反省我的人生。我起初很是费解，为什么一个满怀赤诚之心的人用自己所能去服务社会、服务广大老百姓会这么难，还要蒙受这种不白之冤。在市场经济情况下，由于制度的不完善，有些摸着石头过河的人，难免会"踩地雷"。如果不是人为因素造成，没有对社会造成危害，这完全可以作为企业内部矛盾、纠纷来处理，有必要遭受一次次提堂、审讯对待吗？

待恢复冷静后，我才发现自己的想法过于天真。过去只将大部分时间放在了产品研发和产品质量的提升上，整体忽略了公司上市后会受到极其严格的管控，管理流程出现了漏洞，就会出现个人认识和决策上的缺失。心中很是后悔公司上市后没有认真钻研过境外的法律以及国际财务体系，无知者无畏啊，被抓坐牢似乎也不冤啊！而且还有一层特殊的关系，扣押、监禁我的是香港的司法系统。

1997 年香港回归，虽然主权和治权收归中央政府，但其司法制度继续独立运作，虽维护了香港国际金融中心的地位，但也发生很多有趣的事情，尤其是到了 2019 年的香港乱局，香港法院在其中扮演很不光彩的角色。

香港是法治社会，我也一直相信香港的司法能够给予我一个公平、正义的审判结果，可结果让我很失望，尤其在法院判词中的"诈骗"两字更是违背事实。虽然我有创维 40%股票，可是创维 60%的股票的持有者是全世界股民，从 2000 年创维上市，我们每年都会给股东们派息、分红。据统计,到 2018 年,创维数码在香港股市总共派息超过了 50 亿港币,"诈骗"一辞到今天来看都极为荒谬。

从"11·30 事件"的限制人身自由到后续的恶意起诉,及至我的最终入狱,都让我感受到了香港法院外籍法官对中国崛起的偏见和猜忌。他们没有按照审判陪审团制度,全凭单方面的官方意志进行审判,对企业家的审判独断专行,以为中国经济的腾飞和中国企业家走向世界都是用欺骗的手段得来的。

要想扭转香港外籍法官对中国的看法是很难的,即使之后的十多年都仍有众多的中国企业家被以各种罪名起诉、审判,这竟成为香港回归后其司法系统的一大特色。

"胳膊拗不过大腿",我也只能默默承受这份苦难,对判词的不公不予理会,在 2006 年 7 月份开始了长达三年的狱中生活。

七、蒙难（下）

初看到维克多·费兰克尔写的《活出生命的意义》，我觉得那本书就是为像我这样的人写的。

纳粹时期，犹太人维克多·费兰克尔全家被关进集中营，"二战"结束后只有他活了下来。而支持他活下来的是因为他明白了磨难的意义。在那个时期，很多人被调查后，因为无法面对失去自由的恐惧，加上心理接受不了身份变化的巨大反差，失去了活下去的勇气，在法庭的诉讼过程中就选择了自杀，以生命的代价面对人生的挫折。

> 一旦我们明白了磨难的意义，我们就不再通过无视折磨或心存幻想、虚假乐观等方式去减少或平复在集中营遭受的苦难。经受苦难成了一项我们不能逃避的任务。

费兰克尔在书中列举了两个例子：一个狱友有个自己极为宠爱的孩子，在外国等着他；另一个人则是个科学家，写了不少著作，还有许多著作需要完成。这些都是别人无可替代的，这样就让他们意识到一种责任，知道自己存在是"为了什么"，也就知道"如何"继续活下去。

受《活出生命的意义》这本书的影响，我得以坦然面对一切，在克服了刚失去自由时的不适和自卑后，陆续读了《邓小平传奇》《传灯：星云大师传》《鸿》《阳明心学》等大批名著。通过大量阅读，我似乎理解了书中所蕴藏的伟大秘密，它能透过你的思想和信仰，解开你心头萦绕的困惑、纠结，让你不再怨天尤人，内心慢慢平复，由灰暗走向光明。

之前自由时每日繁忙，难以有余暇看书，失去自由后，恰恰给了我静心读书最好的机会。遥想当年"上山下乡"那会，白天劳作汗流浃背，晚上回茅草屋都要看几章书，只是没看几页被会被疲劳困顿，现在能有机会静心读书，也算是这段遭遇后的一种意外收获吧！

整个三年时间，我一共读了300多本书，包括市面上各种畅销书、人物传记和励志类的书籍，几乎是平均3天一本。另外，我开始每月给创维的高管们写信，与他们分享我心灵的升华，以及身边的故事。

这使我勇敢地面对苦难，产生更大的力量去克服痛苦，从而体会到快乐的意义。尝过苦难的滋味，一点小事就能让人发自内心的喜悦。有时思绪会插上想象的翅膀，回到过去发生的事情，尽管常常回想到一些不重要的琐事，但是它能够填补一个人独处狭小空间时的精神空虚、孤独和思想贫乏。

因为有时间看书，家人每周都会给我带一些近期的杂志、报纸过来，让我的头脑与社会的发展没有过多地脱节。相对封闭的环境，又让我有了独立思考的时间、空间。深入地思考，引发了我对关于经济的快速发展与环境破坏，以及人类对地球能源储量影响等问题的焦虑，转而让我去探寻未来社会发展和科技进步的趋势。

人在灾难时的反思、冷静，反而能带来思想上新的飞跃。

也就在那段时间里，我对未来进行了初步研判，全球必将进入"双碳"时代，人们将越来越重视自己所在的星球和生存环境，对能源的消耗，将由传统的煤、石油逐步往风电、光伏等新能源转变，新能源将在未来的发展中占有重要一席。

21世纪发动和创新的第四次绿色工业革命，将使中国第一次与发达国家站在同一起跑线上。不同于前三次工业革命，第四次工业革命更具有颠覆性、革命性和爆炸性。它将改变现有行业和社会面貌，催生巨大的经济增长新机会，创造一个可持续发展和产生影响的创业生态系统。

我们的企业需要拥抱变化，抵御颠覆者的入侵，并在巩固传统家电制造业的基础上，向高端制造业摸索前进，例如智慧家居、新能源汽车等。

谁占据了第四次工业革命，尤其是以颠覆性技术为代表的高科技的制高点，谁就能引领世界经济发展和人类社会变革的未来。中国企业有责任和义务去冲击和占领这一制高点。

中国过亿部的传统燃油车也将被能耗不同的新能源汽车所替代，思索至此我豁然开朗，并谋划我重获自由后的复出之路，攀登"人生的第二座山"，在"双碳"时代、能源革命中做出一份贡献。

八、攀登第二座山

2009年恢复自由后，我又开始了四处交朋友、谈生意。

因为工作原因，我经常去北京出差，每次下飞机后总感觉眼前灰蒙蒙的。这时我又在思考，有没有一种零排放的汽车呢？

我先是花500万元收购重庆一家两轮电动车厂，发现两个趋势：一个是电动车必然取代自行车和摩托车；另一个是电池技术的迭代升级，将推动两轮电动车往三轮电动车、四轮电动车升级。

在这种思考实践的转化中，我探寻到了重大的机遇。加之在2010年，家电行业在全球市场出现饱和，创维集团增长乏力，在茫茫的迷雾中，我们既看不到太阳，也看不到月亮，创维该何去何从？经过前后两三年的研究思考，我决定大举投入新能源汽车。在2011年1月9日，我用5个亿收

◆ 开沃新能源汽车

购了南京金龙客车制造有限公司 60%的控股权，拥有商用车资质，拿到了入场券，从家电进入新能源汽车行业。

初进汽车行业，我是胆战心惊，毕竟"隔行如隔山"。除了要应对这一陌生的行业，还要抵挡旁观者讥笑和怀疑的目光，或许他们认定我将是一个进入汽车行业的失败者，只是在猜测我能在汽车行业待多久。尽管已有失败的心理准备和相关调研，进入汽车行业的头几年也并不是很顺利。创业的开局似乎如旁观者的预料，在我收购这家亏损多年的地方车企后，它仍在以一种难以阻止的趋势亏损。

进入一个新的工业领域，困难和危机超乎想象，特别是进入乘用车领域，屡战屡败。

第一败，是引进央企出来的团队，进行产品设计和产业布局，钱花了一个多亿，选择的车型对标都没有竞争力，所以最终将团队解散了。

第二败，是眼睛朝外，引进底特律团队，想利用世界一线品牌的人才力量重焕生机，没想到一则没选对地方，错过选择硅谷的机会，二则人才水土不服，又失败了。

二次创业，我不想就这样灰头土脸地败下阵来。内心的驱动力让我没有放弃，重新在不同的实践中引入了自主创业型的团队，用十年时间，历经工业 4.0 的汽车产业升级和创业，从新能源商用车开始，积累了十年的

造车经验和核心技术，终于进入了新能源乘用车的主赛道。

有时我也在反思，为什么自己要在制造业的大山中爬上家电业的高峰后，还要去攀爬第二座更难的新能源汽车的山峰？创业，是个人财富驱使造就的成功更大，还是精神方面的信仰驱使造就的成功更大呢？如果是冲着名利或政策投机来折腾，有必要活得这么累吗？

创业初期，人的欲望肯定是物质的，那时只想尽快买得起房子，希望有能力养家糊口。等到实现财务自由之后，我们突然意识到财富多一点只是银行的数字变化，房子不过是个标签，一个人只能睡一张床，持股也只是一个数字而已。

我的朋友圈中有很多比我大几岁的企业家，还有在商海摸爬滚打几十年的创业者……他们大都功成名就，可是依然奋斗在事业的一线，或者顾问的岗位上，都不甘心待在家里，与这个时代脱节。

有一天，我在读完大卫·布鲁克斯所著的《第二座山》后才恍然，大悟功成名就之外，人生还有更高一层的价值和意义。如果将吃、喝、玩、乐以及名、利视为人生攀登的第一座山的话，长期追寻的"信仰与生命意义"就可称为人生的第二座高山，造新能源汽车就是我的"第二座山"。

在新的征途上可以饱览更加壮丽的风景，持续的快乐让内心与精神更加年轻。尽管前行的道路曲折坎坷，千辛万苦，却因为内心有了信仰和理想，所以才会在困难面前笑脸相迎，从而将痛苦转化成快乐的源泉！

人的精神与情绪就像食物与水需要天天更新！而信仰就是人类需要的新鲜不断的精神食粮。遵循信仰的召唤，我选择了在痛苦中前行，在中华民族伟大复兴的历史潮流中聚焦社会痛点，去实业报国，去追求真正的"自我实现"。

终有那么一天，我会让创维的电动汽车像创维智能电视一样遍及世界，并在信仰的加持下，攀过一座又一座高山。

九、好山好水好寂寞

创业确实苦不堪言,新能源汽车从 2017 年 1200 家到现在仅剩下 200 家左右,大浪淘沙,空前惨烈!

这个年龄仍要奋战在一线,有时我也会感到纠结和痛苦。每当这时我就会想起在 1998 年去加拿大陪儿子读书时的经历。

早在 1992 年我就基本实现了财务自由,于是 1998 年我借陪孩子去加拿大温哥华读书的机会,尝试着过一段闲云野鹤的隐居生活。

加拿大的温哥华被称为世界上"最环保的城市"。我所住的小镇风景优美,空气极好。打开自家窗户,远眺永不融化的冰川雪山,看向另一边,则是大片蔚蓝色的海水映入眼帘。随处可见的迤逦风光让人心旷神怡。孩子的学校就在住处附近,上学经过的路边有一个大的街心公园。每次走过公园都能闻到各色的花香,各种野生的动物与人和谐相处,一点也不怕人。

除了陪家人之外,我最喜欢的就是在自家院子里收拾草坪,间或抬头眺望远处的雪山,有一种"采菊东篱下,悠然见南山"的闲散。

刚开始,我觉得这种"慢节奏"的生活真好,一种满足感也油然而生。有了更多的时间和家人相处,身边又没有那么多繁杂、操心的工作要处理,生活很是惬意。

孩子上学之后我可以看看书，打打球，休闲地散步，可是慢慢地，心里就莫名地发慌。没有生活压力，也没有了对事业的追求，心里总是空落落的。

有时望着窗外的雪山，心思却不知神游到哪里去了。我开始想念国内那些和自己一起打拼的伙伴们，想起创业初期的艰难、企业转型的困惑，与伙伴们一起拼搏时兴奋的样子。当时日子虽然苦，但自己过得很快乐，怎么现在日子舒服了，人的乐趣却越来越少了呢？

大概闲了两个月吧，我开始在加拿大寻找商机。可是在了解加拿大的创业环境后，我却更加郁闷。华人在加拿大创业比在国内困难多了，受东西方文化差异的影响，以及加拿大国内法律的限制，华人在那里只能从事一些诸如餐饮业等服务行业，对高新技术产业的介入或创业多是白人的专利，华人根本参与不进去。我对在加拿大创业有些气馁，餐饮业既不是我感兴趣的，也不是我擅长的领域。

在温哥华待久了，我的失眠症、肠胃病等老毛病又再次找上门，不胜其扰，本来是来好好享受生活的，没承想却成了一种痛苦不堪的折磨。

经历了一番思想斗争，在与家人商议后，我决定重返国内，继续追求我的事业。回国后，我每天忙碌于公司会议、电话、签批文件的节奏当中，人不是在开会，就是在开会的路上。回归之前的"快节奏"生活，身体又像注入了无尽的原动力，整个人越发地精神抖擞、神采奕奕。

更为神奇的是，那些曾让身体倍受折磨的老毛病竟消失不见了，原本那些令人感觉心烦、头痛、繁杂的工作汇报，此时听来却像是一曲优美的乐章。

其实，与我同样有过类似经历的一位亲戚，他之前定居在被称为"地球上的最后一片净土，纯净至极"的新西兰，并一直在那边平静生活了15年。一次与我畅谈人生时，我把自己当年在加拿大的生活境遇与他说了，

◆ 1999年初,在加拿大

两人竟发现有惊人相似的感受,唯一的差别只不过是时间长短不同而已。

这位亲戚接受了我的建议,并利用自己的专业优势重返广州,很快被星海音乐学院返聘,同时担负着三所中学管乐团的音乐指导。除平日里给大学生们上课外,周末还要去指导中学生管乐团的练习,忙得不亦乐乎。

在一次家庭聚餐上,我再次和那位亲戚聊起国内外生活的变化。他由衷地感叹,回到国内,生命中注入了追求的因子,自己的生命好像又被点燃了,对事业的渴望和对生活的热情让他的心情无比畅快。虽然现在比在国外时不知忙了多少倍,可他的精神因为自身价值的绽放而愉悦,身体更因为精神的愉悦而变得更加强健。

对于一个奋斗者来说,提前享受退休生活不一定合适。对于我这种喜欢结交海内外朋友,寻找一些新体验的人来说,悠闲、惬意的生活未必是真心向往,也不会给我带来多少快乐,只会令人感觉"好山好水好寂寞"。这不免让我想起90年代初一位著名诗人移民海外一座小岛,远离城市的喧闹还有工作带来的繁琐事情,最后落得精神分裂的悲惨结局。

而我还拥有的那份全心全意为中华民族伟大复兴贡献力量的期待，这第二段创业之路虽然充满坎坷，却也会调动我全身的每个细胞，勇敢而健康地去迎接生命的挑战。在自己擅长的领域中一点点取得进步，那样才会感受到生命的意义，每天都能去充实地奋斗，就会得到更大的快乐！

小结

美国心理学家罗洛·梅（Rollo May）在《焦虑的意义》中说，"适度的焦虑与人的活力以及创造性成就，存在密切的内在关系"。

没有一种捷径可以让人轻易到达成功的彼岸，总是需要付出无数个不眠日夜，经历焦虑、不安、困惑，甚至生理和心理上的双重折磨，才能完成常人难以企及的高度。

与当下许多四五十岁就退休的年轻企业家们相比，我属于那种闲不住的人，即便年龄日渐增长，仍挡不住我与众多志趣相同的战友们奔波在焦虑和困惑的路上。聚焦社会痛点，敢于"自我革命"，经过苦难的打磨，我们比其他人都要更加坚韧和努力，并凭借自身的创富经验成为社会财富的创造者和守护者。

山有顶，海有边，云无界。在奋斗者的眼中，总有为之努力奋斗的方向，在追寻梦想的路上，焦虑和幸运会伴随我们始终，助力我们的创业人生！

第五章
健康秘诀

从一些科学杂志上看到过,人类与猩猩基因相似度高达99%。不到1%的差异造就了两个完全不同的物种,可就是这1%的突变基因,使人类彻底地脱胎换骨,走向智慧进化的道路,成为地球上的霸主。

人类在拉开了与猩猩之间的距离后,前者成为地球上的"高级陆地睡眠者"[①],能够躺在地面上打瞌睡,拥有舒服的床和被窝;后者却只能待在森林里,风餐露宿,趴在树枝上睡觉,并且每晚都得在另一棵树上筑一个新窝。

相比其他灵长类的生灵,人类显得要高级得多,可是有相当一部分高级的人类,未必会比那些整天搬家的猩猩们睡得更安稳、更幸福。伴随失眠产生的抑郁、焦虑和慢性疾病,影响着人们的身心健康和寿命。

---

①摘自《我们为什么要睡觉》P92

一、焦虑因何而来

别人常跟我说,黄宏生你的心真大,那么大一摊子,企业随时会面临重大的危机,但你一躺下就睡得很香,即使坐上车也是这样,为什么呢?

其实这是一种心态,对我来讲,创业的每天一起床就有负面的消息传来:谁的企业倒闭了,谁谁谁走了,谁被骗贷了……焦虑、烦躁总会时不时地在你的生活、工作当中出现,尤其对奋斗者来说,这些积聚的负能量情绪可能会伴随其拼搏的一生。

在我幼时随外婆流浪,长途跋涉和居无定所的经历,让我习惯于将她的后背当成最安稳的床,即使这张"床"是在不停活动着,我却依然像那些趴在摇晃树枝上的猩猩一样,睡得很香甜。

那时我没有什么焦虑和烦躁的情绪,可以归结为当时的我少不更事或年幼无知。只不过随着年龄的增长、思考的增多,大脑皮层的异常活跃,焦虑和烦躁的情绪就不断地出现在我的生命中。

像我在黎母山林场所经历的轻度抑郁症,就曾给我的身心健康带来莫大的伤害。它的产生是因为在那个封闭的大山中,恶劣的自然环境,加之长时间失眠,对未来看不到希望,被孤独、委屈、焦虑的情绪包围,感觉自己被全世界摒弃,让人陷入一种绝望的崩溃之中。

直到我参加海南路线教育工作队,到琼海泮水公社的生产队干农活后，新的工作环境才让我从沮丧的情绪中摆脱出来，再加上繁重的农活，让我一躺到床上就睡得跟"死猪"一样，睡眠质量出奇地好，加之后续入了党，摆脱了旧的政治身份，渐渐不再焦虑了，抑郁症也自然就痊愈了。

在我入党和考上大学之前，因为受父辈政治身份的影响，我一直很自卑，那时感觉自己是为他人活着，很卑微，搞不清自己真正想要什么，没有独立的人格。考上大学之后，摆脱了政治身份的束缚，未来可谓一片光明，我变得不再那么委屈自己，由心出发，随心而动，清清楚楚地付出，对未来有了规划，有了比较稳定的人格，活得也越来越舒展。

自然的，那个阶段是我的焦虑、烦躁情绪最少的时期。即使初入大学时有些为学习跟不上着急上火，却已不再是彷徨、迷茫的感觉，有的只是一种紧迫感。哪怕前一天在学校路灯下学习到凌晨两三点钟，我依然能在第二天早上准时早起去跑操，活蹦乱跳，身心健康一点问题都没有。

从我的幼年到成年，我参加工作前的这二十多年，能让我产生焦虑不安的时间主要集中在上山下乡期间，那个年龄段也正值一个人最灿烂的年纪，也是最容易多愁善感的年纪，在各种因素的影响下才会产生这些不好的情绪。

其实，在我跟外婆流浪的那段时间，所处的生存环境无疑比我当时在黎母山林场的环境更为恶劣，可是因为我尚年幼，还不懂忧愁是什么滋味，自然不会产生这些不良情绪。而我的外婆虽身处恶劣的境遇，但在她的人生经历中早已尝遍人间酸甜苦辣，所以也没有产生什么焦虑的情绪。

她唯一担心的就是我能否健康地活着，不会重蹈她那早夭的儿子也就是我的舅舅的覆辙。所以只要在流浪途中她能讨些吃的，她都会让我先吃饱喝足，见我安然睡去，她的担心也就去了大半。至于她"地主婆"的成分，以及在无人收留的境况下去苟活的生存智慧，早已渗透进她的骨子里，即使再苦、再累她都能承受，所以她的睡眠一直很好，直到她度过百

◆读书

岁高龄。

无疑的,一个人产生焦虑、烦躁的情绪后,能够快速地走出来,而不至深陷其中至关重要。一个人愤世嫉俗,往往是在希望破灭、心愿难遂或遭遇不公的时候,我们习惯去抱怨,可是抱怨又有什么用呢?不会有根本的改变,反而让自己的心情变得更糟糕、痛苦和焦虑。

人一切的痛苦,本质上都是对自己处境无能为力或无所作为的愤怒。而焦虑就是因这种愤怒而来,它会折磨你的意志,消解你的心理防线,直至搞垮你。而对付它的最好办法,是先好好去睡一觉,相信未来一定会好起来!

二、痛苦，并快乐地活

相较于二十岁之前的成长焦虑，二十岁之后的创业痛苦才更让人难熬。

品尝过辛酸、痛苦的人，所收获的快乐，往往会比单纯吃喝玩乐得到的快感更为猛烈，大脑分泌出的多巴胺也更为持久。

我是个生活相对较为单调的人，没有打麻将、玩牌的嗜好，偶尔接触一下，也是浅尝辄止，不愿在这些东西上面浪费太多生命。

我最大的快乐是在我确定了前进的方向，又在前行的道路上克服困难后取得胜利的时候。那种浑身细胞都为之颤栗、高歌的持久幸福感、成就感，以及发自内心的愉悦是任何浮浅的享乐都比不了的！

凭心而论，我又是一个很自律的人，从不把安逸和享受当作生活的目标。每天工作十几个小时，坐飞机经济舱和出差吃大排档也是常有的事。相比那些懂得享受生活的有钱人，我似乎更像一名"苦行僧"，心念向往、托钵前行。

久在创业之路上行走，我见识过太多失败的企业。那些凭借在创业初期的敢想、敢干，因为契合了时代发展的趋势发了一些财的人，之后又因无知、不明与贪婪导致经营失败。有时他们会为了赚一点小钱，然后进入一个完全陌生的行业投资，最后落得血本无归。或者有钱后放纵自身，沾染上一些赌博、吸毒的恶习，将事业或性命早早葬送。

我最大的痛苦是什么呢？是找不到人生奋斗的方向，创业之路上我曾大病过两场，都是因为四处乱撞而没有出路，结果思虑过度，高烧不退，一病不起。

做实业苦，搞制造业更苦，稍不留意就会影响到企业身后那数百数千乃至数万个家庭的生计和保障，做好一个企业就等于为社会稳定和民众幸福贡献一份自己微薄的力量，所以即便痛苦一些，我的心里却也觉得值得。

2010年是我重获自由后的第二年，我和创维集团的投资方向都遇到了极大的挑战。在我以个人身份投资新能源汽车产业的时候，创维集团也新设立了创维电器，进军白色家电。

两个新项目的投资都数以十亿计，面临的却都是持续的亏损，新能源汽车的巨大投入换来的是连续三年的亏损；白电投资也基本是血本无归，入股一家空调上市公司后，结果股价暴跌到原来的十分之一，等于这笔投资也打了水漂。

我在深圳的一些企业家朋友，那时早已过起了"见好就收"的生活，日常喝红酒庆祝人生，坐私人飞机全世界到处飞。他们有时会邀请我，见我为创业碰得鼻青脸肿的样子，纷纷劝我莫要不撞南墙不回头。

我哪里会有这些玩的心思呢，更不想搞什么环球旅行，内心除了对企业发展前景的恐惧和焦虑外，整个人忙得连一个小时的空闲时间都没有。相较他们，我的努力和抗争更像是不甘于现状和命运的操弄，去选择挑战人生，也像是一种自讨苦吃。可我不想逃避，更不愿放弃。即使遇到最困苦的危机时，我也没有归隐的念头。

身为中国人，我还是想做点利国利民的事情。尽管屡战屡败，我却用长期主义的笨办法，以及痛苦地坚持赢得了企业的未来。在交够了学费后，不管是新能源汽车，还是白色家电都一步步走出亏损的泥潭，最终都进入了行业第一阵营。

这么多年来，我几乎每天都被资金压力和市场风险惊醒，有时也会感觉心力交瘁。但是望着空间无限的赛道，看到整个家电产业崛起于世界，而中国的新能源汽车有望弯道超车成为世界的前沿力量时，我的内心就感受到一种无法言语的快乐。这种快乐的心情会将我体内的亚健康都逐步清除，高血压、肠胃炎、呼吸道发炎、溃疡等统统离我远去。

只有经受过非人的苦难，人们才会格外珍惜眼前来之不易的收获，轻易不放弃。因为吃过苦，人们才懂得生命的可贵，熬过艰苦的岁月，才会感恩帮助过自己的人，树立"苦大情深"的情结。

于我而言，能够被他人需要，并做出一些对国家和社会有意义的事情，这才是"活着"的价值，也是人生的真正意义！

◆ 2018年3月16日，百度、创维战略合作发布会

三、跨界新能源

改革开放赋予亿万中国人自我实现的机会。工业的不断升级和国际化让十四亿中国人有了巨大就业空间，无数民族品牌的崛起代表了一个伟大时代的来临。

改革开放四十多年来，中国实现了脱贫和迈入小康，制造业成为中华民族伟大复兴的中流砥柱。随着"碳达峰"和"碳中和"的环保趋势，中国的制造业赢来了重大变迁和机遇。

2011年1月，我第二次创业成立了开沃汽车集团，通过收购南京金龙客车制造有限公司，进入了新能源汽车的制造领域。那时很多人质疑：新能源汽车是什么东西？很多人问我为什么要进入这个领域？其实很大程度是因为燃油车对环境的污染，环保问题正在成为全社会关注的问题。

那时候，我经常出差去北京，堵在通往机场的高速公路上，看着上空笼罩着层层的雾霾，内心难免忧心忡忡。

大气污染成为外国来华投资和旅游人士的一个障碍，也成为了大量精英人士移民海外的原因。解决燃油车的排放和污染是其中的一个痛点。当年曾有一些企业家说通过空气的大面积净化来解决污染，但是并没有成功。真正把汽车动力由燃油转化成电能才是根本出路，企业家只有带着解决社会痛点的使命，才有生存和发展的价值。

第五章 健康秘诀

◆ 在开沃新能源汽车生产基地

十年前,中国汽车市场的主力产品还是外资品牌,比如欧洲的奔驰、宝马、大众,日本的丰田、本田,美国的三大汽车公司,韩国现代、起亚,高度地垄断中国市场,即使国产品牌也多是跟国外品牌合资的一个产物。

民营企业的星星之火,在十年前已经开始有后发优势,形成一波又一波造车新势力,但实力相对弱小。从家电国产化的大势所趋来看,中国汽车的发展还是要靠中国人自己来实现。

结合环境污染的问题,发展电动汽车有望再创家电工业新的辉煌,并实现中国汽车业的弯道超车。看清这个趋势,我全力以赴投入到中国汽车工业的自主创新之中,以推动实现汽车国产化的"新造车运动",以新技术的转型优势服务于世界,这也是我二次创业的动力所在。

十年时间,一路走来,我越来越被这巨大的市场空间和社会的呼唤所感染。家电工业每年贡献 10 万亿的市场，而汽车工业则是家电市场的 10 倍甚至 20 倍，这是对创维走向全球，做大做强的新的呼唤。

十几年新能源汽车三电技术的积累，智能化的应用，让我们有了面向 TOC 市场进入乘用车赛道的勇气，并在 2021 年 4 月 27 日发布首款创维 SUV 乘用车型——创维汽车 EV6。

"创维"给我们的新能源汽车插上了品牌的翅膀，赢得了 3 亿个创维家庭用户的信赖，让创维汽车成为他们的首选。同时，汽车给家电赋能，让消费者从家中享受到创维家电的智能化之后，在出行时自然选择创维汽车所带来健康和智能化的便捷，这又反向拉伸创维家电品牌的定位，两者相辅相成。

从智能家居到智能出行，打造车家一体的智能化互联生态闭环是我的目标。未来，我将实施"1333"宏伟计划，即：

投入 100 亿元，建立起创维汽车的商乘两用的生态；

未来再投 300 亿元，实现创维汽车全球十强目标；链接资本市场，市值跨上 3000 亿元；

再奋斗 30 年，培养杰出企业家团队，见证 2049 年新中国成立 100 周年的辉煌时刻。

站在世界工业革命的前沿，创维已经助推家电品牌成为世界前四强。在未来，他将助力创维汽车在新能源汽车领域实现跨跃，乘风飞扬、破浪前行，成为世界十强汽车品牌。

四、我的健康理念

十二年前,也就是 2011 年收购南京金龙的时候,我刚好 55 岁。整个人的精力、健康状态,肯定没有开创创维的时候那么好。

我开创创维的时候只有 28 岁,年富力强,持续几天几夜不睡觉都没问题,现在只要一天不睡觉,嘴上就会长泡泡,即便这样,我在新能源汽车行业里一待就是十几年。

2020 年,我在北京遇到了一位许久不见的老朋友。老朋友看到我后十分惊奇,打趣道:"十年不见,从 54 岁到 64 岁,你怎么越活越年轻,越活越精神了呢?"我只是客气地微笑,没有多说什么。

夜深人静时,想起白天朋友的话,我开始认真地思考起了这个问题,思虑再三终于想通了。

21 世纪第四次绿色工业革命来临,我二次创业投入到的新能源汽车这个产业,正好赶上了这次崭新的能源和工业革命。投

◆ 2020 年 12 月,在第七届全球深商大会上发言

身新能源汽车事业除了是我本人内心的选择外,更是中国乃至世界对绿色发展、使用清洁能源的召唤。事业的成功不仅可以造福企业和成就自己的创业梦想,更可以造福国家、社会。

看到这个行业有前途,就减少了对未来发展的焦虑,让自己越干越开心。见证了自己公司制造的新能源汽车越来越多地奔跑在祖国的道路上,目睹消费者从质疑到小心翼翼,再到赞美和信赖,这给予了我幸福的回馈。

此外,还有自己的心态,经过了长久的创业之路,自己有了更高的觉悟。相信方向正确,只要自己全身心地投入,总会成功,只是五年、十年或更长的时间问题。这样想的话,弥散性的焦虑就会减少。坚定地让自己不被环境左右,有效地控制进攻的节奏,整个人必然焕然一新,是新的事业让我亚健康的身体发生了改变。

想到此,我的心底豁然开朗,并更新了对健康理念的认识。

健康 =50% 心理 +25% 遗传 +25% 自律

人的健康,有 50% 来自精神层面,和自己的心态、心情有关;25% 来自于遗传;而另外 25% 来自于自己的生活习惯。这其中,只有遗传的 25% 是无法改变的,而另外的 75% 都可以改变。

举个中医的例子,中医对病患的医治不仅仅是针灸、开药等治疗手法。治疗手法只是其中的一方面,更重要的是调整患者看待这个宇宙,这个世界,看待人生的视角。当患者想问题的方式改变了,心态就会发生很大的改变,很多精神、思想方面的病就不见了。

在我的理念里,一个人最重要的就是自己的心理状态。心理状态不只是此刻或者一段时间的心情,还包括了心态、情绪、情感等方面,覆盖了整个人的精神世界。

比如一个人如果持续一段时间过度焦虑,他可能会出现精神方面的问题，如脾气暴躁、睡眠障碍、注意力无法集中，甚至神经衰弱等等，甚至可能出现一些身体方面的问题，比如口腔溃疡、胃溃疡、胃肠功能紊乱、掉头发、心慌心悸、胸闷等等。一个人的身体和心理息息相关。

中青年阶段，一些人执著于追求事业，加上来自社会、工作及家庭的压力，很多人往往是在透支自己的健康来换取所谓事业上的进步和成功。这样的例子数不胜数，特别是在商业界、从事高科技工作的人员，英年早逝的人并不少。

午饭后我即使再忙都要午休，我称它为：给自己"充电1小时"。之前，每天中午吃完饭，会觉得有一点困乏，可是回到办公室，却又在沙发上翻来覆去睡不着。办公室里工作的磁场会让人心烦意乱，无法放松下来。

一次偶然的机会我惊奇地发现，躺在我的电动汽车座椅上，几分钟后就能酣然入睡，进入深度睡眠，睡醒后感觉一个下午的精力都格外充沛。因为汽车的空间私密，加之在车内午休心理干扰少，电动汽车启动时噪音也很小，所以让我能够很快入睡。重要的是电动汽车是零排放，不用担心尾气一氧化碳中毒。

在缺乏睡眠已经成为全球流行病的今天，拥有足够的睡眠，对于每一个人来说都至关重要。这也促成了我要制造电动乘用车——创维汽车的初衷，希望能给更多因为工作繁忙，无法在办公室午睡的人，提供一个舒适的午睡空间。

在电动车中为什么可以进入深度睡眠？中医告诉我们，原来人的健康与身体的"中气"有关，睡眠也如此。电动车的空间刚好覆盖我们人的全身，大概三立方米，躺下刚好能舒展开，但也不会太大，这让我们身体的"中气"保存得非常好，身体几分钟后就能快速进入深度睡眠状态。正是"中气"十足，深睡入仙也！经过好几年的个人实践，我发现了这个电动

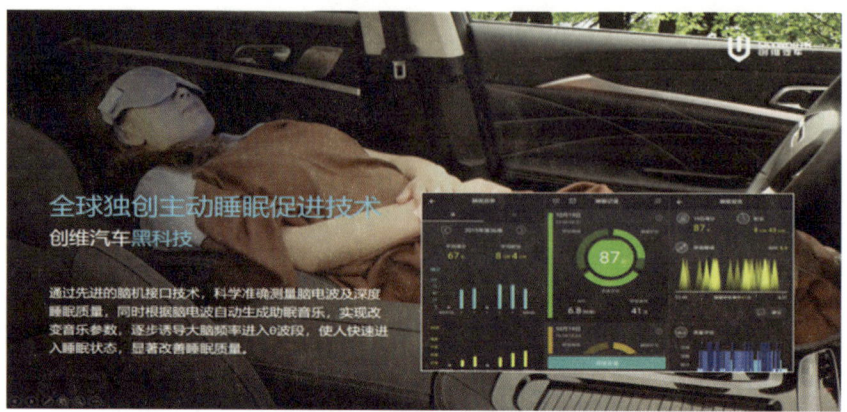

◆创维汽车黑科技

车的惊人"秘诀",它可以帮助亚健康的人,甚至病入膏肓的人修复身心,正所谓"深度睡眠乃万病良药"。

我深深地爱上新能源汽车这个产业,它是一种主动健康技术,能造福每一个人,助力中国人民的百岁人生。这个意义真是太大了,并由此让我甘愿疯狂地投身于这伟大的产业之中!

五、爱情神器

我有一位做心理咨询师的朋友，我们经常探讨一些关于睡眠的话题。

身为心理咨询师，她常常带领学员在冥想中放松身心，并利用白噪音介入使学员们快速进入睡眠状态，她自己每晚睡觉前也会使用白噪音助眠。

她也跟我提过她的奋斗故事，一个女孩子孤身在多个城市打拼，最后定居"创业者的天堂"——深圳。在打拼的过程中感受到来自各种压力，她的睡眠也不是很好。有一次，她一个人逛商场，突然头晕胸闷，她就到刚买的创维汽车上躺了一会，没想到一躺下就睡着了。那是她第一次使用创维汽车的一键睡眠功能，车辆自带的白噪音功能令她非常惊喜，在休息了二十分钟后，她便满血复活了，这个功能也由此成了她的心头好。

那辆创维汽车是她去年购买的，出于对我的信任以及对创维品牌的认可，在没有试驾的情况下她就直接下了订单。这两年油价的不断飙升，使她对购买电动车的这个决定深为得意。

在外打拼十多年，她曾经为自己年纪尚轻时错过了寻找另一半的机会遗憾，以至于在三十多岁还孑然一身。不过，爱情终归没有将她放弃，就在前年她经人介绍认识了现在的先生。两人从相识相知，一直到结合成立家庭，都与她买的这辆创维汽车有一定关系。按她的话来说，"创维汽车

从家电三剑客到新能源先锋

◆爱情神器

算是见证了我的爱情之路,我们开着这台车越过大海,登过高山,挤过人流熙攘的繁华闹市,踏过一马平川的乡野田园。我们在车上聊天聊地聊梦想,聊自己的小日子,聊未来的大目标……"

对年轻人来说,恋爱是磨擦爱情火花阶段,两个人从陌生到熟悉,再由熟悉到相互爱慕,最后才会产生"问世间情为何物,直教人生死相许",渴望对方成为自己终生伴侣的强烈感情。

当然,要产生这种感情是需要培养的,一见钟情的情侣终究是少。感情培养的过程,其实就是恋爱的几个阶段。买车时,虽然她跟男朋友在一起才半年,但她很珍惜这段感情。以我的了解,他们那时应该已经度过了恋爱的懵懂期,进入中后阶段的渴求期、成熟期。这个阶段的恋爱大都是为了结婚,对恋爱及结婚有明确的定义,对另一半的内在要求也很高,要求伴侣与自己的价值观相契合。其实这就是从恋爱到结婚的质变阶段,让双方确认彼此就是自己要找的人。

疫情之下,第三产业受影响最大,服务业、餐饮业、旅游业凋敝,电影院不开放,娱乐场所也关门,谈个恋爱都找不到合适的地方。即使相约顶着太阳到公园散步啊，一阵风或一场雨都会让好心情泡汤。

朋友说，幸亏她买了创维汽车，除了不怕油价上涨，还让他们的关系更为紧密。这多少让我有些意外，先前对电动汽车的认识多局限于其本身的功能，如补充睡眠和移动办公的第三空间，没想到还能成为促成男女婚姻、恋爱的"红线仙"。

2022年春节期间，深圳石岩区疫情严重，她男朋友工作所在的央企，也临时担负起支援街道办抗疫的重任。大年初三，在石岩区被划分为封控区的情况下，他男朋友从家里逆行到疫情隔离区去支援工作，二十多天没有回家，直到解封。

男朋友刚去那几天她非常担心他的身体，因为工作任务紧急，她的男朋友几乎没有多少时间吃饭睡觉，一直在抗疫一线忙碌。直到工作安排妥当，已经有二十多个小时没合眼了，而且也没有机会回宿舍休息。

这时创维汽车睡眠功能的优点就显现出来了，能够让她的爱人，随时随地，有一个舒适的睡眠空间补补觉，再撸起袖子加油干。她男朋友还非常慷慨地将车让给急需睡眠的同事补充能量，几个人错峰休息。

对抗击疫情来说，她男朋友的付出也许微不足道，但他们代表着这座城市每一个为抗疫付出的力量，创维汽车的睡眠功能为这些一线奋斗者提供了充满温度的保障。

在她善解人意的慰问和贴心呵护下，她与男朋友的关系迅速升温。疫情结束不久，她的男朋友主动开口向她求婚，她终于等来了心爱之人的庄重承诺，放心将自己的一生交付于自己的另一半，两个人也顺利踏入婚姻殿堂。

从她的讲述来看，他们彼此相爱，对促成他们修成爱情正果的创维汽车更满是爱意。因为这既是见证他们爱情之路的"红线仙"，又是推动他们步入婚姻殿堂的神器。

六、致力健康科技　助力长寿人生

根据目前数据统计，人类的平均寿命从大约两千年前的 20 岁，提高到了目前世界平均寿命的 77 岁。

科学家预言，在本世纪末或下世纪初，人类将攻破癌症难关。那时候，人类的平均寿命将再次飞跃，同时，人类进入"双碳"归零的历史新阶段，不再受废气污染影响后，百岁人生将不再是梦想。

那么对于即将到来的百岁人生，我们每个人又该做些什么呢？除了做好资产的管理，还要从我们自身健康方面做好准备，是参加长跑运动，还是去爬山锻炼身体来迎接这漫长的人生呢？

其实，人的一生中有三分之一的时间是在睡眠中度过，睡眠可以帮助我们贮存能量、促进精神和体力的恢复；健康、高质量的睡眠是维护健康和体力的基础，也是取得高度生产能力的保证。①

科学家曾对睡眠不足带来的坏处进行过研究，研究结果表明：如果一天只睡四小时，体内对付癌症的自然杀手细胞数量会只剩下不到一半；脑中的清洁大队运作不良，无法清除阿兹海默症的毒性蛋白；连续清醒十九小时开车的人的精神状态和酒驾没两样……此外，睡眠不足的人还容易觉

---

① 科琳·卡尼、雷切尔·曼博尔. 睡出好情绪 [M]. 李昀烨译. 成都时代出版社，2020.

得肚子饿，吃饱了却还想再吃，体重居高不下；也更容易患上高血压、高血糖、高血脂，以及引发情绪紊乱等。

任何人都不会无缘无故失眠，所有的"睡不着"都有着情绪在作怪！当我们有情绪问题时，情绪会攻击我们的睡眠系统，扰乱我们的睡眠规律，造成睡眠障碍，进而加重情绪负担，影响身心健康，引发一些心理疾病或导致精神崩溃。

"深度睡眠"对创业者来说，是重要的健康大事！白天的繁忙中，如果能找到碎片时间，寻找最合适的睡眠空间进入深度睡眠，就可以化解晚上睡不好的危害，让自己的身体得到修复。

创业说到底是一种与命运的博弈，会经历各种艰辛和困苦，不夸张地说就是在玩命。我从20世纪80年代末下海创业，历经35年的创业磨砺，曾经历过无数次九死一生的博弈，对于创业过程中要应对的挑战和需克服的困难，以及由此带来的心理压力有着切身体会。

多年来我一直在电动汽车内午睡，培养自己形成了一种新的睡眠习惯，调整了自己的生物钟，并优化了自己的睡眠模式。另外，也找到了适合自己的方法来实现脑静心安，改善情绪性失眠，最终借助睡眠来实现身心解压，这对于创业者们来说极有借鉴意义。

在电动汽车里午睡非常自在，一是能够避开办公室那强大的工作磁场，可以感受私密空间里的放松，安然入睡；二是电动汽车开空调不会产生一氧化碳排放，相反在燃油车上需要启动发动机才有空调制冷效果，其排出的废气会渗透到车厢里产生污染威胁生命。

对于我们设计制造的创维汽车来说，它有一项独特的功能——"主动睡眠促进技术"，能够让使用者在躺下后瞬间进入深度睡眠状态，并能科学、准确地测量出深度睡眠的质量。根据人体工程学设计的太空零重力座椅，可以让使用者摆脱失眠困扰，适时监测生命健康指标（血压、心率等）时刻预警、守护使用者的健康。

在缺乏睡眠已经成为全球流行病的今天，拥有足够的睡眠，对于每个人来说都至关重要。在漫长的人生旅途中，我们需要保持足够的活力和健康来迎接未来赐予我们的"长寿"礼物。

如何才能长期保持充足的睡眠呢？我想，拥有一辆创维汽车或许能实现你的这个愿望。创维汽车长期致力于主动健康技术的突破，技术也在不断迭代进化，能够为车主们带来更多惊喜。

创维汽车主动健康1.0，是通过超级空气滤净系统，N95空调滤芯，负离子发生器、高温循环杀菌等，实现车内PM2.5空气净化，形成封闭健康的小环境，通过主机一键"午休模式"以及可以自动平躺的零重力主驾座椅（根据某著名大学提出的太空舱概念设计）让用户可以在车上睡个好觉。

创维汽车主动健康2.0基于1.0技术做了升级：①"一键睡眠"功能增加了体感音乐疗法（VibroacousticTherapy，简称VAT）；②新增专业的养生小憩模式：包含睡眠、放松疗愈以及提神模式。

创维汽车的体感座椅能够产生低频（16～150Hz）振动信号，正好与

◆创维汽车健康监测系统图片

人心率呼吸内源频率产生"同频共振"。如果使用者连续加班、熬夜，中午在新能源汽车上"一键睡眠"60分钟，给全身气血做个类似点穴按摩的疏通，即可在类似躺在婴儿摇篮车上的体验中快速放松精神，进入深度睡眠。

创维汽车主动健康3.0，则具有以下特色功能：①搭载非接触式虹膜健康识别技术；②基于ECG/BCG等技术的简易PSG睡眠仪功能；③通过SkyHealth智能云平台，基于各类健康传感器采集到的人体生命指征等大数据，给车主"千人千面"的健康解决方案。

主动健康检测系统应用世界领先的人工智能光谱科学算法，可以精准评估用户生命特征，结合互联网健康检测平台，可主动为车主提供100个归类的健康解决方案，使车主在繁忙工作中对自己的身体进行养生管理，提早注意并消除隐疾，拥有工作和事业的巨大能量，迈向健康长寿的人生！

从家电三剑客到新能源先锋

小结

在千百万年的人类进化过程中，人类的寿命不断延长，而野生的猩猩平均寿命约 35 岁，人工饲养的猩猩可达 40～50 岁，猩猩的寿命却只有人类的一半。

人类的始祖从森林中舒适的环境中走出，在数百万年的进化中逐渐学会直立行走、利用工具、创造语言等等。进化的过程是一种痛苦的嬗变，更是一种脱胎换骨的从原始生物往智慧生物升级的过程。不经历这种痛苦，绝对不会出现今天的智慧人类。

在猩猩们每天晚上都要在树上重新建造一个睡觉用的窝时，人类却可以躺在温暖舒适的床上玩着手机，在体内的腺苷、褪黑素累积达到一定程度后，在困意驱动力的作用下进入梦乡。

科技快速迭代的当下，人类文明进入一个前所未有的发展高度。快节奏的工作、生活会打乱人们原有的昼夜节律，改变正常的睡眠模式，从而引发各种心理疾病，进而影响身体健康。

对于我们来说，金钱固然重要，但是一定不能用健康作为代价去交换。新能源汽车除了能大幅降低废气污染之外，正在成为人们第三个生活与工作的移动空间。新能源汽车的优点有很多，大幅降低车辆的使用成本的同时，也是出行中动力与速度的快乐源泉，更是每一名繁忙商务人士的健康睡眠伴随者。

　　身为一名民营企业家，能为后世子孙留下一些什么有利的事情呢？我想应该是在"碳达峰""碳中和"这一事关中华民族的长久发展和人类共同命运的领域做一些力所能及的事情，发展好我们的新能源汽车产业，为迎接建国百年和中国人的健康百年做好准备！

第六章

长期主义

改革开放数十年,中国得以对接外部世界,搭乘科技进步的快车,人们的生活发生了前所未有的变化。

最初,人们通过电视机了解世界,电视机被誉为"客厅之王",这个"20世纪最伟大的发明之一",一度成为人们生活中的重要伴侣。在智能手机飞速发展的今天,电视机在人们生活中的地位不断下降,智能手机不仅取代了传统的功能手机,更成为人们了解、体验更为宽广和多彩的世界的新一代智能终端。

当然,给我触动最大的还是手机与互联网技术的融合,赋予了人类欲望和科技创新的能量,实现整个行业的智能化升级。智能手机早已超出打电话的功能范畴,通过微信、短视频等App,在人们的工作生活中扮演更多角色。

科技越发达,时代前进的步伐就越快,人类享受世界的智慧信息也就越多。仅仅十几年时间的发展,全球生产销售电动车已超过1000多万辆,电动车正在全面取代燃油车。燃油车原有的出行功能,正在被智能电动车用智能化、电气化、网联化重新定义。

或者简单来讲,第四次工业革命正在把智能手机安上电动的轮子,形成一个人类前所未有的"第三空间",为我们带来电子技术的又一次重大升级。

从家电三剑客到新能源先锋

一、第三空间

人类的"第三空间"不是一个陌生词,每一个人对此都有自己的理解。

我理解的"第三空间"要有以下几个特点:一是独立于家庭和工作之外,能让自己独处,能独立思考的空间;二是通过智能互联链接到更多的外部空间;三是这个空间要足够环保节能;四是能够使人进入深度睡眠空间。

我们来到这个世界,多数时间是两点一线,即家和工作场所这两个空间。然后从一个人变成两个人,再到三口之家,甚至五口之家,生活压力逐步增加。同时随着工作上的挑战增加,以及家庭各种矛盾的沉淀,人们会遭遇到极大的精神压力,产生焦虑不安和疲惫不堪等负面情绪。这也是很多人开车到了家门口,却喜欢在车里多呆一会儿,再回家的原因。

疫情之下,以往靠旅行来获得"第三空间"的方式愈发变得困难,转而车内的空间就成了很多人的"第三空间"。而第三次能源革命的到来,以及电动化、智能化时代的开启,为我们提供了一个既可以出行,又可以放松心态的"第三空间"——那就是新能源汽车。

新能源汽车是从 18 世纪 60 年代以来,数次世界工业革命中最大的产品提升和飞跃。不仅仅有传统汽车与新兴电子的互补性,更是一个改变人类生活方式的标志性的、划时代的产物。它的发展体现在两个方面:

一个是智能化,通过把计算机、通信、软件技术整合应用到汽车上,让电动汽车成为一个流动的车载计算和云计算的平台,实现车辆的智慧出行、健康出行,可以实现移动办公,还可以当一个家。

另一个是电动化,改变了传统燃油车的动力驱动方式,采用电力驱动。电力驱动的未来能源包括取之不尽的光伏和风电,再结合电动汽车反向储能的功能,能够实现低碳空间下的清洁能源使用。

中国企业在智能化、电动化两个方向的发展都极有优势,有着较为雄厚的技术积累。将智能化、电动化这两种技术应用到汽车产品上,就相当于给我们的家电或手机安装上四个轮子,让它与我们的生活、工作息息相关。

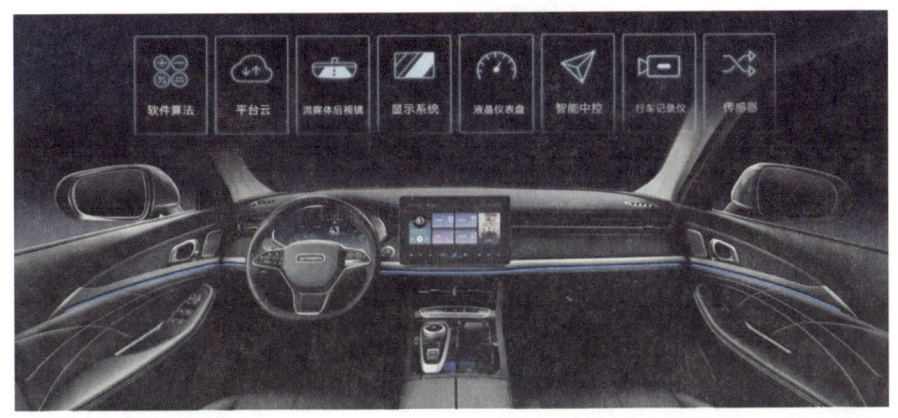

◆ 创维汽车智能驾驶舱

创维家电服务于全球数亿家庭,已经成为人类"第一空间"密不可分的挚友,通过创维智能电视系统、酷开系统的互联网增值服务等提高人们的生活质量。而在"第二空间"则通过智能系统技术业务,例如家庭接入系统、智能制造、汽车电子系统及其他电子产品等推动制造业的升级,以及所有的办公与作业场地都有智能屏,以链接所有资源。

有了"第一空间"和"第二空间"积累的智能网联和自动驾驶技术应

用,以及在新能源汽车行业十多年的造车经验,创维汽车可谓集大成于一身,开辟出了健康的"第三空间"。

智能化时代的健康"第三空间"正给我们带来越来越多的惊喜和希望。在这个空间里,不仅能消除你的压力和焦虑、困扰,还能让你独立思考,构想出一个超出自己相象的未来。

创维汽车和其他品牌最大的差异,在于我们的汽车软件是创维车家生态中的一环。这个系统,可以与创维品牌下的智能家居、智能家庭互联网服务等多个板块的系统协同,同时为创维的亿万用户服务。

通过与创维智能家居板块公司深入合作,创维汽车形成了车家统一的系统软件服务、车家互联的硬件生态、车家同步的内容服务生态,不仅为创维的用户提供单独的车内智能体验,也为用户提供联通车内和家庭多个空间的智能体验。

归根结底,创维汽车软件系统将与创维诸多产业公司的产品及软件一起,为创维的用户提供构建智能车家生活的体验,打造健康"第三空间"。它可以有这样一些应用场景:

场景一:很多工作繁忙的科研人员和都市白领,午饭后只能趴在办公室的桌子上休息,喧闹环境和工作磁场让人得不到很好的恢复,长期疲劳会导致亚健康。拥有电动车的人,可以在停车场的电动车上开着空调,短时间午睡半小时,瞬间进入深度睡眠,整个下午、晚上精力旺盛,使身体的能量有一个良性循环。

场景二:因为要加班赶一个文案、PPT或者科研报告,或者要完成一篇论文、课题的汇总,需要一个安静、专注的环境,但是在办公室和家里都不容易实现,到电动车这个独立的"第三空间"可聚精会神地创作,冥想、思考、归纳,一气呵成,得到一个超强的、智慧的方案。

场景三:美国被称为"车轮上的国家",以此来比喻他们高效的奋斗精神。从礼拜一到礼拜五，很多美国人会到旧金山、芝加哥、洛杉矶等中心城市上班，到了周末就开车回到人口不密集的居住地。美国幅员辽阔，生活区非常分散，可谓工作相当集中与聚焦，而生活相当自由与"天人合一"。

现在中国的发展似乎也到了这个阶段，很多大学毕业生会集中到"北上广深"，或者省会等中心城市上班。因为"时间就是金钱，效率就是生命"，如果在非常偏远的地方上班，跟不上新技术的快速变化和经济发展的脉搏，就很可能被时代抛弃。可要在中心城市工作，又买不起房子，就存在工作和居住的矛盾。

买了电动车以后，他们就可以选择在几百公里外的地方安居，礼拜一到礼拜五在电动车上睡觉，周末再开车回家。类似美国模式，这样的话，每到礼拜五下班以后，就可以开电动车花两到三个小时回到郊外的家，跟妻儿、父母一起生活。这是一个紧跟时代快速迭代的召唤，同时，又能够实现个人幸福人生、个人生活自由的新生活模式。

场景四：越来越多的人才走专业发展之路，实现个人的创业自由和生活自由，从而涌现出大量的专业服务，如法律咨询、房地产中介、媒体创作、保险、健康医疗服务等等。电动车能够成为移动的办公空间，专业人士可以将电动车作为自己办公室，为客户提供上门咨询，为每一个重点客户办理"一对一"的解决方案。

场景五：利用电动车的数据推介，可以在不同的城市寻找到很多性情相近的朋友，在进行户外阳光旅游时，能够通过电动车的软件实现一呼百应，成就自己的商务旅游和个人游，为驾乘者提供事业、休闲的能量源泉。同时，在旅游中认识更多爱好和创业方向一致的新朋友，还可以通过住车上而无需酒店就能够解决旅游之中的居住问题。

场景六：电动车不仅是一部消耗电能的工具，还是一个储存电能的设备,它可以将晚上电网中过剩的电能储存到车辆电池内,在白天用电高峰时释放。它将作为微电网贡献于整个人类的大电网,实现白天、晚上能量的平衡和交换。

场景七:电动车可以成为婚姻加速器,恋人可以在车内共享车载高清数字节目,在出行的路上欣赏车内环绕立体音响播放的音乐。此外,创维汽车恒温、宽敞的车内空间,不会让人感觉到压抑,良好的密闭效果,可以排除第三方的干扰,有助于双方享受二人独处的时光,促进感情升温,使恋人们加速彼此了解,增进双方信任,促进婚姻达成。

场景八:电动车正成为孝敬父母最好的礼物。父母退休后子女可以鼓励父母自驾外出旅游,饱览祖国大好河山。观看日出、落日,享用餐后,在电动车上开着空调睡觉,既安静又没有一氧化碳中毒的担心。下午还能继续精力充沛地登山望海,享受阳光养生。下雨天,就在车上一起看电影,偶尔在车上唱唱卡拉OK。父母开心,子女们高兴,真是福报满满!

电动车的第三空间,会彻底改变人类生活的一些局限,为人类的未来带来越来越多的惊喜!

◆创维汽车智能睡眠舱

二、精神内耗

不管承不承认,我们有时会无意识地进入到一种自我斗争的焦虑和担忧当中,有可能是对时下的经济、疫情的担忧,也可能是对自我认知盲区的恐惧,会使人不自觉地陷入一种持续消耗心理资源的状态之中。

之前有个人在网上发视频,说他的二舅治愈了他的精神内耗,以此来展示身处社会底层、边缘,为温饱而奋斗的人们的生活状态,致敬他们用坚韧的生命力、豁达的人生观,面对充满遗憾的人生,还活得自洽而简单。我很庆幸,经过数十年打拼,我已不再需要为温饱和生活问题担忧、发愁,而是为追求理想,殚精竭虑,执意去攀登人生的"第二座山"。

面对焦虑和担忧,我一般用听音乐、看书、睡觉的方式减压,当然还有另一种减压方式,就是拼命忘我工作。当我聚精会神办一件大事,追求一项伟大的事业的时候是没有时间焦虑的,也不会有时间分神,而是随时入睡、把碎片的时间都用作睡眠的补充也成为一种常态。

三年前,疫情刚暴发时,我曾恐惧到每天都睡不着觉,海外订单接连出现取消、暂缓的情况,国内市场也受到疫情的影响,使得我们的物料压在仓库占用了大量现金,每个月亏损巨大……那些天因为睡不着觉,我陷入了一种极度疲备的状态,高血压、腹泻又回到了我的身上。假若病毒不祛除,自己可能又要住进医院了。当时的我不是没有过逃避的念头,可是想想身后那数万名员工，一味地逃避又解决得了什么呢？要解决问题只有直面困境，抱以谦逊的姿态想办法自救。

但是光靠个人的英雄主义难以克服这场天灾，只有搭建起一个拥有共同目标和理想的"英雄联盟"，才能一起扛过这场灾难。一个人的智慧毕竟是有限的，只有发挥团队群策群力的力量才能共渡难关。那段时间我不停地奔波在南京与一线基地之间，与市场前线的骨干们沟通、互动。我相信神灵就在人的心中，力量来自团队的众志成城和不轻言放弃。

那年七月，我们的乘用车——天美汽车上市预售，我，像一名"超级汽车推销员"一样，在所接触的朋友中间不厌其烦地推荐我们的乘用车，包括去各地面见政府要员，以及在公司大小会议上执着地介绍这款车。

但因为市场知名度不高，天美汽车当时的市场销售依旧惨淡。有人嘲讽说它生不逢时，进入乘用车赛道的时机不对，可是我却觉得它生在磨难中，在时代大背景下能够为中国的绿色发展贡献哪怕一丝力量，都是值得称道的善事。

第二年春节后，我连续组织了数场天美汽车的试乘试驾活动，邀约了很多社会精英、实力派企业家参与，通过不停地试驾，不停地收集试驾人的反馈，我感受到了他们所传递给我的信心和力量。

对一个行业新晋者来说，得到最多的祝福词是"风险"和"时机"。可我依旧痴心不改。风险，哪里都有风险，锁在保险箱里就没有风险吗？时机，等行业成熟了，你再去分一杯羹？怕是连口热的都抢不到。

最困难的时候，我去北京学习过王阳明心学，希望从先贤、圣人的哲思上寻找寄托和得到启发。王阳明的"心"学和"致良知"给了我莫大的鼓舞和启发，让我坚定地相信"心"是一切的主导，办法总比困难多，只要全心全意去做一件事，就一定能够战胜生命中的挑战。

2021年春天，我们在北京举办了创维汽车品牌见面会，将创维品牌赋能天美汽车后，乘用车的销售局面才彻底打开，当年月度销量就挤进了造车势力前十名。创维家电用它所积攒的品牌效应和数亿的庞大客户基础，为创维汽车的销量添加了倍增器，并搭起了链接C端消费者的桥梁。

◆ 2021年4月27日，开沃新能源汽车集团在北京举办创维汽车品牌见面会上进行商标转让与授权

曾有一段时间，我注意到媒体们针对创维汽车品牌切换的报道，有谏言、担心，还有争议，这些都在我的意料之内。跟我当年决心收购南京金龙进入汽车领域相比，这些舆论的漩涡还算不得凶猛，对于一个没有足够实力"家电佬"的意外进入，谁又会瞧得上呢！

但是于我而言，创维汽车品牌切换后所引发的争议，不过是往水中多扔几块石头罢了，哪怕身后浊浪涛天，只要能为国、为民、为社会多做一些善事，人活在争议中又有何妨呢？

我们这些创业者，大都是能吃些苦的，这个苦除了外界施加的压力，还有内心深处的欲望与现实之间形成的落差，一遍又一遍地反复刺激人的神经。这让我们每次从孤独和自舔伤口的挣扎中熬过来时，必然会获得一次克服精神内耗后的自我升华。

从家电三剑客到新能源先锋

三、停止精神内耗

第六章　长期主义

停止过度忧虑
stop worrying

觉察自己，跳出负面情绪
Skylink智能网联系统
生活和出行，没有想象中那么困难

从家电三剑客**到**新能源先锋

停止无谓抱怨
stop complaining

归拢思绪，心态良好就有无限可能
0.83m² 全景大天窗
通透空间，敞亮好心情

第六章　长期主义

停止拖延
stop delaying

迈出脚步，才有可能到达终点
85.97kW·h高储能电池
电力充沛，到达目的地快人一步

从家电三剑客到新能源先锋

消除精神内耗，没有统一的模板
别担心自己正处于冬眠模式
这只是在积攒能量，为了更好出发

四、长期的产品主义

"因为相信,所以看见"。人类乐于相信眼前所见,但只有长期主义才能见到所相信的未来。

在《激荡 2019:从思想的云到实践的雨》一书中,华夏基石首席产业发展专家何学来,曾在对创维 30 年持续成长的启示中,精辟地分析过创维的成功之处。"彻底的产品主义"是创维由小变大,由大到强的成长秘诀,是逆势增长的法宝,也是创维的核心竞争力。

作为亲历者和实践者,我没有专家们总结的那么透彻、那么的好,只是遵循着本心去做一件事,那就是通过不断的产品技术的升级,培育企业核心竞争力,抢占市场先机,打败竞争对手。

将"产品主义"由创维带到开沃,再并从开沃沿袭到创维汽车,这是一种企业基因的传承,无论在家电领域,还是汽车产业,我们都沿袭着这种长期的产品主义,以此把握自己的未来。

2011 年进入新能源汽车领域的时候,我们就注重对三电技术的研发、积累。相比其他新造车势力的"拿来主义",我更愿意将关键技术"吃透嚼烂",完全掌握在自己手里。

因为创维的独特品牌基因,以及创维汽车——智能车家创导者的产品定位方向,我们成立了酷沃智行,建立了创维汽车软件研发中心,以支撑我们在座舱域软件、车联网平台软件、内容服务软件三个层面的自主研发。目前的创维汽车上，包括车机系统软件、仪表系统软件、车主APP软件，车联网平台软件、车家互联内容服务平台软件等均为自主研发。

创业三十三年来，创维品牌之所以能崛起于中国家电业，与品牌长期致力于家庭的健康生活息息相关。早在二十多年前，创维彩电推出的"不闪的才是健康的"产品理念就以其关注用眼健康至今脍炙人口。现在的创维汽车更将致力于驾乘者深度睡眠、健康养生的技术与生态，助推人类迈向"百岁人生"的梦想。

2020年中国居民健康大数据分析显示，75%的人都处于亚健康状态，真正意义上的健康人群只有5%左右。随着工作、生活节奏的加快，社会内卷日益严重，人们的饮食、作息、运动已毫无规律可言，全民亚健康时代已悄然而至，纵观整个汽车市场，聚焦智能健康生态的车型几乎为零。

创维汽车如何用一辆车去实现人们的健康生态呢？其实，早在创维汽车设计之初，我就将这种健康理念交给了创维汽车的设计师们，让他们充分发挥自己的聪明才智赋予创维汽车这一神奇的使命。

创维汽车一经面世，除了我们一贯擅长的车家互联技术外，更是在行业内首次明确"智能车家创导者"的品牌定位，聚焦智能健康生态的搭建，从"科技服务于人"出发，让新一代创维汽车成为每个人的健康移动空间。

为充分挖掘内部潜能，利用大创维系的先天优势，借用、整合创维智能电子、大屏等软硬件优势资源，我们还在南京软件园与创维酷开的技术人员一同打造将"车和家"融为一体的汽车电子网络平台Skylink。该平台成为行业首创。

在乘用车的设计上，创维汽车管理和技术团队完美地执行了我对"产品主义"的要求，立足产品的前瞻性、健康理念和客户未来需求，把创维汽车打造成以"技术为核心"的科技亮点，形成创维汽车独有的优势。

其搭载了全球首创的健康午休睡眠系统，只需消费者语音互动或轻触车机屏幕，就可打开"健康午休"模式，就能在10向电动调节座椅上来个彻底的放松，享受"躺赢"快感。

借助创维智能家居生态，创维汽车EV6成为全球首款，通过智能电视即可实时查看车辆状态的汽车。创维汽车EV6携手创维自主研发的Skylink智能网联系统，融合了创维数字生态、APP智能控车、AI语音交互等三大功能，实现出行与家庭生态融合，构建"移动·舒适·家"一体化生态圈。

凭借创维在AIoT领域、全品类家电、互联互通的领先优势，在未来，创维汽车EV6将不断深度打造车·家智能交互沉浸式体验，真正实现车空间与家空间的温馨连接、无缝切换。

只要在产品开发上有了核心技术，我们就能咬紧牙关往前走，有了资金就砸技术，专注于产品升级。与那些砸钱刷流量的车企不同，我们是用钱来刷BOM，搞技术革新和升级，把钱真正花在满足消费者需求上，而不仅仅是把品牌估值做上去。

2022年9月5日我们推出了创维HT-i超强混动SUV，这是创维汽车推向市场的第一款新能源混合动力车型。该车以省油长续航、第三空间、超高安全性、独特设计，为用户带来更多的用车场景和独特的产品价值，树立新能源混动汽车市场标杆，满足一直在路上的创业者对汽车经济实用、低价奢华、公私兼顾、健康减压的需求。

其更高的发动机热效率、更强劲的动力性能、四大驱动模式、多方式智慧充电补能，成就该车的续航新高度，成为二十万级独一无二的NEDC纯电续航205km，综合续航1267km的新能源乘用车SUV。首创的国潮引力波无界格栅，全方位主动安全防护，多维度智能驾驶系统，可以使驾驶者实现远程控车尽在手掌与言语之间。

当然，创维HT-i能做的还不止这些，通过在其座舱中融入更多"第三空间"的元素,让驾乘者充分体验无缝链接的"车家生活"。它可以是移动大床房,随时随地补能;可以是VIP专属氧吧,长久保持车内空间清新;可以带来图书馆级别NVH超静音性能,营造舒适安静空间。创维HT-i智能车家互联,实现车家零距离。

互联网、人工智能、5G、云计算等新技术的应用正在改变世界,相比传统燃油车闭环的技术控制,新能源车的技术是革命性和颠覆性的。可以断言,谁掌握了新能源车的核心技术,谁就能把握乘用车的未来,而这恰恰是我们坚持的长期产品主义的优势所在!

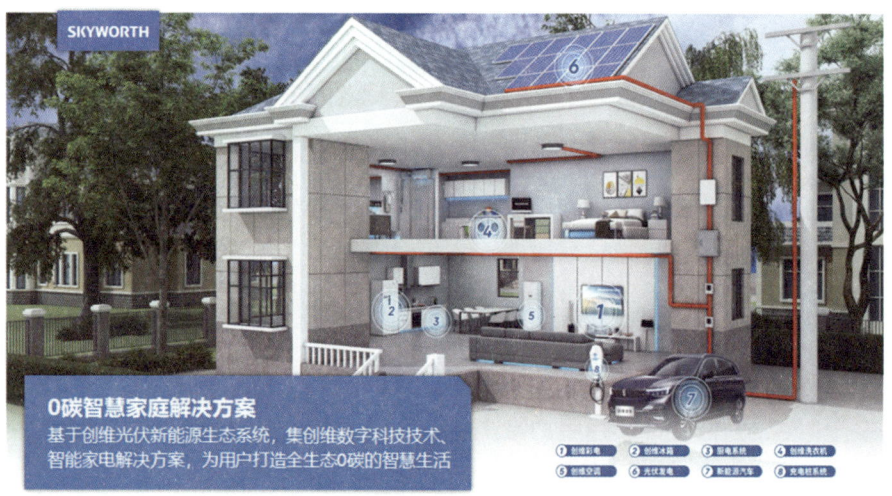

◆ 创维集团从智能家电到"双碳"伟业

五、我们的百岁人生

中国的温饱问题才解决了多少年呢?

从第一次鸦片战争开始,中国的农耕文明受到外来工业文明的野蛮入侵,逐步沦为半殖民地半封建社会,连年战乱、社会动荡、财富被掠夺,数亿中国人挣扎在饥寒交迫的生死线上,因为长期营养不良,缺医少药,解放前人均寿命只有 30 多岁。

1949 年—1978 年,中国人的平均寿命比战争年代有所延长。但在历经三年的自然灾害,以及缺吃少穿的"文革"时期,中国人的平均寿命并没有明显提高。直到 1978 年,以邓小平为首的共产党人带领全国人民,"穷则思变",实施了改革开放,改变了中国贫困潦倒的局面,日子一天比一天好起来,中国人均寿命才显著提高。

从 1921 年到 2021 年,中国共产党整整奋斗了 100 年,这百年的创业之路纵然充满坎坷、波折,却始终朝着实现中华民族伟大复兴的宏伟目标不断前进。在推翻帝国主义、封建主义和官僚资本主义的统治后,把中国从多灾多难的乱世中解救出来,让人民当家作主人,重新屹立于世界东方。2022 年中国居民人均预期寿命为 78.2 岁,略高于全球人均寿命 77 岁。

从上个世纪初 4 亿多人积贫积弱的状态,一步步发展到今天 14 亿人口的整体脱贫,不仅仅使全国人民都吃上了饭,还过上了小康生活,并创造了 3.5 亿中产阶级的奇迹。

建党百年的功业，给了无数创业者与工商界人士、企业家一个伟大的成功学传承。我们常说"商场如战场"，没有什么威胁大于失去生命的毁灭，中共第一批创业者（毛泽东、周恩来、朱德、邓小平等老一辈革命家）是真正拿生命去创业，从军阀混战、强敌入侵的混乱时代中崛起，拥有强大、顽强的生命力，从区区几十名党员发展成拥有一亿党员的伟大组织，让中国人过上和平、富裕的生活。

再过二十几年，也就是 2049 年，那将是新中国成立 100 周年。2021 年中国的经济总量达到 114.4 万亿元，稳居全球第二大经济体；2035 年中国 GDP 总量要达到 200 万亿元，成为世界第一；2049 年中国的 GDP 可能达到 400 万亿，中国的制造业、科技、经济结构将成为世界最具竞争力的领域，中华民族将真正实现伟大复兴，居于世界之巅。

在实现"两个一百年"奋斗目标的征程中，我们不靠侵略不靠打仗，不靠掠夺别人的土地、财产，靠的是 14 亿人民的勤劳和艰苦奋斗，引领和造福世界，而中华民族也将迎来百岁人生的大好际遇。

随着科学与技术的不断进步，人类的寿命在逐渐增长。人类的平均寿命在大约两千年前只有 20 岁；18 世纪增长到 30 岁左右；19 世纪末期，也还仅仅平均为 40 岁上下；1985 年，世界人口平均寿命已达 62 岁，发达国家为 73 岁，发展中国家为 58 岁。科学家预言，在本世纪末或下世纪初，人类将攻破癌症难关。那时候，人类的平均寿命将再次飞跃，百岁人生将不再是梦想。

在食物方面，从靠天吃饭到农业现代化，科学与技术解决了温饱问题。在医学方面，曾经在欧洲肆虐的黑死病、大流感；曾在中国最常见的天花、小儿麻痹、疟疾等疾病，通过现代医学科学与技术的不断进步，已经找到了应对的解决方案，避免人类大规模死亡。在劳动方面，通过机械

◆ 2022年9月，发布创维汽车HT-I新品

制造、电子信息技术的迭代，科学技术已经基本解决了人类大多数的过度体力劳作问题。

当然，经济的发展是一把双刃剑，一方面它推动了科学与技术的升级换代，改善了民生；另一方面它也会带来环境污染及自然资源的破坏。根据国家卫健委公布的相关数据，中国男性癌症发病率最高的是肺癌，而引发这种疾病重要的危险因素就包括户外空气污染。

2016年，中国加入《巴黎协定》，为响应该协定，中国在2020年9月份提出了"碳达峰、碳中和"的目标：二氧化碳排放力争2030年前达到峰值，力争2060年前达到"碳中和"。而要减少各种排放，实现"碳中和"就要减少对化石燃料的使用，大力发展新能源等新兴产业。

经过近十几年的环境治理，威胁中国人生存的水污染和大气污染问题得到有效扼制，再现山清水秀的自然景象。根据世卫组织对世界各国平均寿命的统计，目前中国人均寿命为78.2岁，排名第62位。到2050年，中国有50%的人将会迈向百岁人生。

如果说要分享一些我的健康人生秘诀的话，按照我这些年积累总结，实现百岁人生的秘诀主要有：深度睡眠、适当运动、做有趣又擅长的事业、拥有第三健康空间、内驱力改变命运、健康饮食、中西医结合养生、终身学习、晒太阳、心怀感恩等。

当然，还有凡事要"主动"。让自己主动成为社会的给予者、奉献者，要敢于改变自己的命运，不屈服于混日子，不要指望天上掉馅饼之类的美事，主动让自己成为一个造福世人、有价值的人！

第六章　长期主义

六、聚焦未来

> 新的陌生时代已经明确到来，而我们曾经很熟悉的现代世界已经成为与现实无关的过往。
>
> ——彼得·德鲁克

为什么美国人热议移民其它星球？

因为地球人口出现了有史以来的高峰，每天消耗大量的地球能源，释放出大量的二氧化碳，引发地球温度持续上升。

现在大量美国人正在谈论去太空旅游，想到其它的星际去移民，看来马斯克要用 SN-20 星舰把 100 万人送到火星的计划并不是一时的头脑发热。马斯克定义的人类新生活将颠覆美国人现有的生活，并全面改变美国人的衣食住行，购物在网上，出行用特斯拉，再加上 SpaceX 建设地球一小时交通圈的愿景。这，就是未来！一切都是在颠覆中前行，让我们不敢认识原本的世界，就像之前，人们固有的思维认为手机就是一个通话工具，直到 iPhone 的出现，"打电话"反而成了一个没那么常用的附加功能。

那么电动车呢，你说它仅仅是个车吗？

它的本质是"从 A 点到 B 点的运输工具"，这一点永远不会变吗？这就错了。手机的本质是电话吗？智能手机都打败了报纸、相机、MP3/

MP4……正如网络上流传的：消灭马车的不是更快的马车，而是汽车；打败"康师傅"的不是"统一"，而是美团……电动车早已在现实中变了质，未来它将打败多少个行业呢？

时代的车轮滚滚向前，谁都无法阻挡，只能顺应潮流。那些跟不上时代的，注定都会被淘汰，甚至消灭。

"软件定义汽车"决定着汽车未来的发展会是个什么样子，汽车的硬件决定了一辆车智能化的下限，汽车软件/操作系统决定了一辆车智能化的上限。汽车软件/操作系统性能的提升，实际上承担着用户最直观的智能化体验，也能由此感觉到用户体验的天花板在哪里。

当前的汽车行业，都在聚焦"新四化"——电动化、网联化、智能化、共享化，实际就是汽车产业的数字化转型。通过数字化转型，原有的汽车生产制造公司正在逐步往智能技术公司的身份转变。从智能家电到智能汽车，一脉相承的科技基因打造新时代下带轮子的家电，创维汽车基于三大

◆ 2021年9月23日，创维汽车在南京举行海外交付仪式

引擎成为享誉全球的智慧出行力量，既可以满足创维 5 亿用户的升级渴望，还能满足全世界新能源汽车取代燃油车的世界变局。

新能源革命的整体趋势是从"碳达峰"逐步向"碳中和"过渡，最终实现无碳。为地球的升温与环境危机的大幅降低探索出一条可行的路线，用以拯救地球和人类文明。

美国人那富有冒险、探索的精神相比，中国人的儒家思想往往更注重"中庸之道"。但对未来美好生活的追求，却是不管何种信仰的人都会积极争取的。60 多年的人生经历，让我深刻认识到每个人的成功都要跟随全球的、国家的主流方向，即所谓的"伟大时代、同频共振"！

投入新能源与新能源汽车，是创维人的使命与社会责任！基于创维光伏新能源生态系统，集创维数字科技智能家电解决方案，为用户打造全生态"零碳"的智慧生活。

持续地追求进步，超越自我，人的健康就会出现神奇的变化，这也是我为什么有这么大的激情和斗志，要把创维汽车打造成世界级的品牌，以此活出人生最美好的意义，并为全球 60 亿人提供绿色、低碳、环保的"第三空间"，助力国人的平均寿命从 78.2 岁迈向"百岁人生"！

今天，凭借我们的科技实力和新能源技术的积累，我们同样可以定义和构想未来的新生活：

从智慧家庭到智慧出行，电动车解决人类零污染的交通。

房子与办公的能源，来自光伏，取之不尽，用之不竭。

通过社交平台，加上网络购物平台，让人们的生活需求无所不有。

地球范围内，一小时隧道铁路到达。

太空旅游变成现实。

……

小结

经过几十年的发展,中国制造业已经走在大时代转折的道路上,与欧美制造业两百多年的积淀相比,中国制造业体系有很大差距。那么中国制造业的竞争力在哪里?就在国家营造的现代"科技文明"与"商业文明"的环境下,在中国人努力奋斗、创新求实的后发优势上。

改革开放以来,中国的制造业从小到大,从弱到强,从本土市场走向全球市场,创新能力与企业家精神成为中国强大的力量。时代的发展造就了无数振兴中国经济的民族品牌,在这当中,创维品牌有幸见证了中国制造业的崛起。仅仅35年的时间,创维的机顶盒销量已经是全球第一,创维的智能电视机全球前四强,加上冰箱空调洗衣机等,创维每年向全球供给1亿多台智能家电。

而今,创维汽车也在中国本土市场开始发力,在珠三角、长三角、京津唐、西南、西北……遍地开花。现在,创维汽车以过硬的技术和优良的品质,通过了整车欧盟认证,并在德国、以色列、约旦、土耳其等海外市场实现中国新能源汽车销售的突破。

这注定是一条跟随时间轴不曾间断上升的曲线,从智能家电到智能汽车,投身国家"双碳"伟业,奉献于人类命运共同体。历经三十五年的发展,我们一次次在苦难、孤独中积蓄爆发的力量,在平凡的追逐中孕育伟大,在拼搏、进步的阶梯中探寻和实践企业长盛不衰的秘诀!

后记

最近，我很喜欢听钢琴家马克西姆弹奏的《出埃及记》，乐曲慷慨激昂，令人心潮澎湃。每次听到那激昂、震撼、气势磅礴的乐曲，我就会产生强烈的共鸣，令眼眶湿润。《出埃及记》讲的是圣经里的故事，展示以色列民族在先知摩西的带领下，即便面临灾难挑战也要坚持走出困境的决心。

（一）

大疫三年，能够聚在一起非常珍贵和难得，但我坚信：我们一定能够战胜疫情，战胜困难。我创业历程中有几桩小故事，它们都与我十二年前的创业选择有关系：

故事一：创维在1988年创立，2000年成功在香港上市。上市后的资金来源的优势、品牌的传播以及与世界的连接都得到了质的突破，从上市的38亿元，一路成长到2021年的660亿元，增长17倍。

故事二：在数字电视取代模拟电视的初期，创维于2002年成立了创维数字公司，进军机顶盒上游产业。经过12年的奋斗，终于在2014年成功将创维数字公司分拆上市。上市后，创维数字全球扩展，并加大研发力度、快速迭代升级，在宽带的家庭接入与光接入终端中，连续五年世界第一。

故事三：开沃汽车集团 2011 年通过收购南京金龙客车制造有限公司，转型升级进入新能源汽车产业。十一年来电动大巴做到了中国的前五强，重型卡车做到了中国的前八强，并在 2017 年投入巨资发展乘用车。从 2021 年投放以来，创维汽车逐步被市场认可，并在 2022 年销量同比攀升了 720%。刚刚过去的 8 月份创维汽车的市场占有率排名第七名，海外市场累计接单也超过 5000 台。面对来到的第 12 个年头，这样一个神奇的 12 年，我们有望成功上市，创造千亿市值，甚至 3000 亿元的市值。

为什么说这些故事与我 12 年前的创业选择有关系呢？企业的发展，特别是制造业的发展都是有科学规律的。美国管理大师、斯坦福大学著名教授柯林斯在其巨著《从优秀到卓越》中总结出来的"飞轮效应"，即：企业在草创之初，就像发动机启动初期力不从心，特别在寒冷的天气中往往打不着火，即使启动了，也不能均匀地转动。经过一段时间的挣扎后，发动机的飞轮进入高速运转状态，动能积累，向前猛进。

我是《从优秀到卓越》的书迷，因为他的科学总结，竟然跟我创业的几个重大突破完全吻合。创业，特别是制造业，不能急于求成，而是要经过至少 10～12 年的沉淀、能量的积累才能飞腾起来，这 12 年是一个神奇的周期。选择了创业就是选择了终身为社会进步长期奋斗的道路。第一个阶段就是 10 到 12 年，出现了飞轮效应，再到第二个 12 年、第三个 12 年……甚至到第五个 12 年，奋斗者身怀梦想、才会永远年轻。

（二）

我的一生先后翻越了"物质大山"和"精神大山"，直至攀登上我人生的"第二座高山"。

这也是我要讲到的第四个故事：在攀登了物质大山，实现财务自由之后，选择享受生活的经历。2000年前后，因为创维集团上市，我的个人担保释放了，起初我觉得这辈子太辛苦，生不如死、重病缠身，就想脱离战场，做个股东，挂个董事长之名遥控指挥，陪着儿女到温哥华读书，顺便住够183天后申报移民。因为自1988年创业到2000年我几乎没有一天休息过，也没有一个晚上安宁的休息，引发了很多疾病（高血压、肠胃病、溃疡），所以想通过放下工作，养好身体。

加拿大的温哥华是地球上适宜人类居住的天堂之一，全年的平均温度在23℃，夏天无需空调、冬天无需暖气，远处的雪山永不融化，旁边的太平洋东岸，大海无界，到处是森林与河流，就连高尔夫球场都密集到随处可见。在打高尔夫球的时候野鸟与白球一起飞上蓝天，非常的自然和谐。

虽然那里非常宜居，但是我生活了两个月之后，发现好山好水好寂寞的日子，并不是人们真正适合的生活方式，它远不如工作快乐，在工作中可以认识新朋友，能发现一些新的乐趣，而躺平没有任何新鲜的趣味。

那个时候我才四十多岁，浑身疾病、心情不快乐、没有充实感，更加不利于自律，过度医疗让我感到恐惧，所以在平静下来后，才发现精神的向往是呼唤生命的力量，有事业与理想的追求，比单纯的物质享受更重要、更有用。

经过几十天日夜的思想斗争后，我最终放弃了移民加拿大的念头，回到自己的祖国，快乐地奋斗在创业一线，继而攀登我的"第二座山"——新能源汽车。百年一遇的大变局中，助推中华民族的伟大复兴，是涉及人类命运共同体的伟大宏图。那种感觉可远比天天在温哥华吃三文鱼和阿拉斯加螃蟹要快乐得多、充实得多。

我的体会是，精神的追求和做有趣的事情，是身体健康的真正主导。

事实证明，在我攀登"第二座山"后，亚健康逐渐消失，而在我回国后才知道，有一个在温哥华生活了十多年的朋友得了癌症，前两年走了；我的一个海南老乡，是中国普洱茶的贵族，也于去年在温哥华去世了，还不到60岁。而我在艰难攀登"第二座山"的过程中，遭遇到的那些险峻和暴风雨没有把我打倒，反而让我越活越有活力。

还有一则刚刚发生的故事：不久前的周日，我早上3：40起床飞到银川参加完几百台大巴车交车仪式，而后又去看望银川的本土经销商，我们开着创维汽车奔驰在草原和沙漠。第二天5点不到乘飞机到武汉，转乘高铁前往九江，拜访完客户又连夜乘高铁回南京，做完核酸回到宿舍已经是半夜一点钟了。正是因为我聚精会神办一件大事，追求一件伟大的事业，没有时间焦虑，没有时间分神，随时入睡、把碎片的时间都当作睡眠的补充，而创维汽车为我提供了超级深度睡眠的空间，让我始终能保持良好的精力。

（三）

汽车工业是工业之王，新能源汽车更是这王冠上的明珠。它涉及机械工业、化学工业、电子工业、纺织工业、软件业、环保科技等等，挑战之大，超乎想象。虽然刚才讲的慷慨激昂，只有进入到这个行业，才知道举步维艰。

作为一名"家电佬"，汽车的外行，付出了巨额的学费，引进全球的人才，特别是美国底特律"汽车之都"的人才，花费巨大，但是却因为赶不上电动车的速度，结果投资失败了。车企的团队也因为技术实力不足没有成功。另外，十几年的电池企业全都是摸着石头过河，整车厂无法知道哪家寿命最长，终生耐用。也因为不少电池企业的破产，导致我的整车厂脱产。消费者不管用谁的电池、追的都是整车厂，整车厂是跑得了和尚跑不了庙，林林总总，这期间所缴的学费不在10亿元之下。

最艰苦的时刻，我们组织去了"遵义会议"等红色革命圣地，吸纳学习中国共产党、红军起死回生的奇迹，当年以毛主席为首的共产党人，怀抱着解放几亿饥寒交迫的中国人的赤子之心，终于通过四渡赤水，北上抗日，赢得了中华民族的伟大胜利。创业过程虽然困难重重，但怎么都比不上这些关系生死存亡的革命历程。

新能源汽车产业的吸引力有多大呢？最新的一个故事是：我们在一次深圳企业家聚会上有一个创业型的妈妈问我们，你们知道美国人在议论什么吗？是移民火星。

为什么呢？地球目前的人口高达80亿，每日能量消耗令地球的碳排放大幅攀升，地球的气温急剧升高，随时会爆发更大的危机。美国人凭借科技的优势，想要选择新的生活空间，就像他们18世纪从欧洲移民美洲一样。

然而，中国有14亿人口，不可能有那么多人移民火星，但是中国人是务实的，十几年前就布局新能源汽车，并通过光伏及风电、水电等非化石能源，让整个地球的碳排放逐渐降低，让地球的气温缓和下来。

关爱地球，推进新能源绿色发展。让中华民族的子孙后辈在这个蓝色星球上代代相传，这是多么有伟大意义的事业啊！